U0712396

余娜——著

她是民国有故事的女人

她兼具丰采与文采、柔情与豪情

她曾在这世间飞扬与落寞
她的对手，只有岁月

寂寞烟花梦一朵

她是民国里备受争议的名媛
她是红尘中，不可不看的风景

洗尽繁华，颠倒众生，浪漫红尘，素衣半生

民主与建设出版社
·北京·

图书在版编目 (CIP) 数据

陆小曼传 / 余娜著 . —北京：民主与建设出版社，2020.9

ISBN 978-7-5139-3206-6

Ⅰ. ①陆… Ⅱ. ①余… Ⅲ. ①陆小曼（1903-1965）—传记 Ⅳ. ① K825.6

中国版本图书馆 CIP 数据核字（2020）第 170853 号

陆 小 曼 传
LU XIAO MAN ZHUAN

著　　者　余　娜
责任编辑　刘　芳
封面设计　宋双成
出版发行　民主与建设出版社有限责任公司
电　　话　（010）59417747　59419778
社　　址　北京市海淀区西三环中路 10 号望海楼 E 座 7 层
邮　　编　100142
印　　刷　三河市天润建兴印务有限公司
版　　次　2021 年 1 月第 1 版
印　　次　2021 年 1 月第 1 次印刷
开　　本　880 毫米 × 1230 毫米　1/32
印　　张　9
字　　数　158 千字
书　　号　ISBN 978-7-5139-3206-6
定　　价　45.00 元

注：如有印、装质量问题，请与出版社联系。

桃花流水在人间
（代序）

“这个世界上没有不带伤的人，无论什么时候，你都要相信，真正治愈自己的只有自己。”这是充满才情、浪漫与争议的民国才女留给世人的一句名言。

陆小曼，民国时期北平名媛，一代才女，旷世佳人。她在胡适的眼里是一道不可不看的风景，在郁达夫的眼中是中国文艺界的普罗米修斯。

陆小曼是著名诗人徐志摩的妻子，她娇艳美丽，多才多艺，精通英、法两门外语，写得一手刚劲秀丽的毛笔字，擅长京剧、昆曲，在文学、绘画方面也有颇深的造诣；她出身名门，美貌超群，风情万种，让王赓惋惜了一生，让徐志摩痴迷了一生，让翁瑞午关怀了一生。

她曾仰望星空，也曾跌入谷底，她特立独行，活得勇敢、纯粹、天真、尽兴。她是胡适、丰子恺、闻一多、刘海粟、泰戈尔、郁达夫等中外名家一致推崇的民国才女，也是常人眼中背判丈夫做第三者的“坏女人”。她凝合容貌与才情、光环与芳华于一身，在迷茫的尘世，她为爱苦苦战斗了一生。在寂寞烟云消逝后，她依然散发着绝世的风华，光辉熠熠。在烟花飘逝的瞬间，舞成永恒。

她热情、真挚、豪爽、大方，聪明伶俐、个性鲜明，却又我行我素，不管不顾。在那个疾苦与奢靡并存的年代，她轻舞在金字塔的顶层，受着众人的艳羡、青睐；在那个封建与教条根深蒂固的国度，她敢于打破纲常伦理，挣脱传统的枷锁与束缚，落入轰轰烈烈自由恋爱的情场，最终和王赓离婚，与徐志摩牵手。

然而，婚后的幸福如昙花一现，柔美温情的陆小曼犹如留在了云端，远不可触，给徐志摩留下的是奢侈糜烂的陆小曼，两个人的性情格格不入，无法一而再地忍让和迁就，或许，这本就是一场孽缘。

徐志摩飞机失事后，在世人的偏见与误读中，她保持沉默，不加辩解，背着沉重的心理包袱走完了余生。因为徐志摩的离世，陆小曼背负了罪魁祸首的罪名。所有人都

把徐志摩的死归结到她身上，认为如果不是因为陆小曼挥霍无度，不会把徐志摩逼到如此境地，两地奔波，最后坠机在来回的途中。

直到死去，她一生忏悔。

陆小曼是近代杰出的女画家，她师从刘海粟、陈半丁、贺天健等绘画大师，晚年被吸收为上海中国画院的专业画师。她不仅绘画成就突出，还写得一手好文章，颇具语言天赋，十几岁时便精通英、法两国语言，被北洋政府聘为外交部翻译官。她和徐志摩合作创作的五幕话剧《卞昆冈》充分展露出其不凡的艺术才华。

回顾陆小曼的一生，她犹如璀璨的烟花，五彩斑斓、绚丽多姿。但烟花易冷，繁华易碎，绚烂的背后便是空寂。

本书共十章，用细腻的笔调简述了民国才女陆小曼悲情壮丽的一生，以及与她关系最为亲密的三个男人——王赓、徐志摩和翁瑞午，结构严谨，文字婉约，清新脱俗。希望读者朋友能够通过这本书，更加全面了解陆小曼，了解那个时代的女性。

目 录

第一章　一道不可不看的风景

一朵娇艳的芳蕊

回往前尘，提及旧事，诉不尽的人间百味，解不开的愁情离殇，唯念一缕香魂，千古幽幽。

胡适说：“她是一道不可不看的风景。”徐志摩说：“她一双眼睛也在说话，眼光里荡起心泉的秘密。”

她，正是陆小曼，芬芳的红颜，一个祖籍在江苏常州的灿烂女子。

她留给世人的是一张如花的笑靥，然而，在这美丽的笑靥里，沉淀着一个动人的传奇人生。

巷子口里的胡琴悄吟着老上海的繁华与颓唐，诉不尽的陈年往昔，却时时都在盼着新艳的故事。

于是，在1903年的某日，随着上海市南孔家弄一声响亮的啼哭，只是在当时无人窥见，一个传奇芬芳的故事便幽幽开始。

显赫的家族背景为这个女婴的命运铺垫了一层繁华的底色，却也无人料想到，繁华的巅峰是无尽的苍凉。

陆氏一族本就是中国的名门望族，自春秋始，便声名显赫。在中国最早、最完整的历时八十余代不断续修的《樟村陆氏宗谱》中不难窥见，陆家一直是书香传承，且名士辈出，从大汉开国功臣陆贾到唐朝名相陆贽，从大诗人陆游到爱国名臣陆秀夫，都是声名显赫。

陆小曼的祖父陆荣昌是樟村陆氏北园村派第78世孙，在《樟村陆氏宗谱》卷十三中，记载着陆荣昌的简历："荣昌，行二，字致和，朝议大夫，钦加运同衔赏戴花翎，候选同知，国学生。"陆荣昌育有三子，第二个儿子陆定（原名陆子福），即陆小曼的父亲，是中华储蓄银行的主要创办人。

陆小曼，是在富贵里生出的娇蕊，注定了一生绽放光华。

1920年修订的《樟村陆氏宗谱》上记载：陆子福生有三女，长、次均早夭，"三名陆小曼，生于光绪二十九年癸卯九月十九日子时，待字。"

那一年修书之时，陆小曼还是个待字闺阁的妙龄少女，婉转如花，谁也不会想到这位少女日后竟演绎出一段传奇人生。

陆小曼作为陆家的独女，自然集万般宠爱于一身。她出生在十里洋场的上海，也就沾染了些上海滩的风情。

陆小曼年幼时在上海的幼稚园度过，因为机灵漂亮，非常惹人喜爱，眉宇间，隐约窥见不凡，犹如一朵娇艳的芳蕊。

六岁，陆小曼随母从上海迁至北京，与父亲一起生活。她是父母的掌上明珠，所有的爱与光华都聚焦在了她一个人身上。

璀璨，对于她来说，顺理成章。

陆家作为名门，常常出入于上流社会，来往的都是军政界的要员，结交的都是国家级的大人物。陆小曼的父亲陆定虽然是官僚兼金融家，但他更是经济领域的一个知识型的官僚。他不仅是晚清举人，还是留学日本早稻田大学的高才生，是日本名相伊藤博文的得意弟子，与曹汝霖、袁观澜、穆湘瑶等民国名流是同班同学。

有父如此，陆小曼自当不会逊色。陆小曼从小不仅衣食无忧，就像一个公主，在呵护下长大，而且交往的也都是上流社会的千金小姐。她生活在一个镶金的圈子里，在那个疾苦和奢靡并存的年代，她轻舞在金字塔的顶层，受着众人的艳羡、青睐。

陆小曼的母亲吴曼华是名门闺秀，是常州白马三司徒中丞第之后代，上祖吴光悦做过清代江西巡抚。她多才多艺，既善工笔画，又有深厚的古文基础，也是一个才女、一代名媛，陆小曼自然而然受母亲的影响很深。

母亲对陆小曼十分严厉，对她的教育都是按照做贵妇和名媛的标准按部就班培养进行的。

无论是先天的背景，还是后天的塑造，优雅和尊贵都成了陆小曼整个人生的必修课。

父母更是不惜重金培养她，让她在最好的学校接受教育，7 岁进北京女子师范大学附属小学读书，9 岁至 14 岁在北京女中读书。

年少时光，总是充盈着美好的味道，青春里飞扬的孩子免不了会有些叛逆和调皮。那时的陆小曼正是一个烂漫少女，她渴望更丰富、更艳丽的生活。她并不喜欢规规矩矩地啃课本，偶尔还不按时完成老师布置的作业，有一次，气极的父亲狠狠打了她一顿。

天生富贵，使她养了一副骄傲的心性，见不得别人一点儿不尊之色，也更难受半点儿训斥，而父亲这一顿打，警钟自是敲得够重，这以后，陆小曼开始变得懂事，并也循规蹈矩地读起书来。

上流社会自有上流社会的规则，高官富商喜欢把自己的子女送到外国人办的贵族学校读书，这虽并不成文，却是一个明晃晃的标杆。那一阶层的人都默行遵循，当然，陆定也并不例外。

北京军政界部长一类的小姐有许多在圣心学堂读书，陆定要让自己的女儿与这些权贵千金受到同样好的教育。

在陆小曼 15 岁那年，陆定把女儿送到法国人办的北京圣心学堂学习。圣心学堂的学费自然是价格不菲，陆定十分舍得下这样的血本，一心想把陆小曼培养成花中之冠，名媛中的名媛。

活泼的陆小曼非常适应外国学校的生活，因为在这里，她的天性能够得到充分的发展。她在圣心学堂极受欢迎，是学校各种活动和演出中的重要人物。也正是这种自由的氛围塑造了一个聪明、机灵、自由的陆小曼。在学校时，陆小曼就成了男孩子心目中的公主，以及争相讨好的可人儿。

16 岁的陆小曼在圣心学堂成绩优异，招人喜欢，活泼快乐，如鱼得水。她精通英文、法文，还能弹钢琴，长于画油画。

在圣心学堂，喜欢她的外国人更是盛赞她为“东方美人”。她既有上海女孩儿的聪明机灵，又有北京女孩儿的端庄娴静，她不负所望，成了学堂里最耀眼的女学生，举手投足间，已经有了些名媛的影子。

陈乃姗说：“称为‘名媛’，绝对讲究阶级、讲究出身。

她们既有血统纯正的族谱，更有全面的后天中西文化调理：她们都持有著名女子学校的文凭，家庭的名师中既有前朝的遗老遗少、举人学士，也有举止优雅的英国或俄国没落贵族的夫人；她们讲英文，又读诗词；她们学舞蹈、钢琴，又习京昆山水画；她们动可以飞车、骑马、打网球、玩女子棒球，甚至开飞机，静可以舞文弄墨、弹琴。”

陆小曼正是这样一个人。如此婉约优雅，定是要有一段绝美的爱情才不枉这此生红颜。

人生的路虽是绚烂，可情场里，却有她不曾想象的凄艳风云。

是缘，是劫，也是命……

等一个江湖

一场宿命，一段奇缘，等一个人，等一个江湖。

眼前是上海的繁华，身后是尘世的迷茫。

孔家弄里的一勺光线是一池凝聚的时光，有一个女孩在这里出生，留下一抹淡挫的忧伤。谁也不知道她的前生与来世，只是今生今世，她过得风雨飘摇，几处繁花开了又败，匆匆忙忙，只留她在这世上孤单成霜。

开始的开始，遥岑远目，水随天去，一切平静得如黎明前浩瀚的海面，她的故事也刚刚开始。

陆小曼是在父母的庇佑下无忧虑地成长，小曼是父母眼中的宝、掌中的明珠。上天对她如此厚爱，不仅赐予她

绝代的容颜，还有聪颖的天资和优良的家族背景。

人说有其母必有其女，陆小曼的母亲吴曼华也是一代佳人，显赫的家族背景让吴曼华的一生小心翼翼，从《曼华女士小史》这本资料里发现，她的家人簌六山房主人曾经评价过她说："生而韶秀曼丽，且聪慧绝伦，妙解音律，笙笛皆其所长，兼工棋，诗词清丽可诵。"

她经过严格的训练，能歌善舞，能写会画，身上有种那个年代独有的韵味，每一个这样的名门之子都是这般锻造而出的，男子能文能武，女子琴棋书画，陆小曼的母亲正是这样的一位多才多艺的女子。

据说，陆定曾经在贝子贝勒学校担任过老师，下课后常常将皇族子弟的文章带回家中批阅，而这其中就有很多都是吴曼华代为批改的。

吴曼华对自己要求尽善尽美，对女儿自然更是如此。她一直充当着陆小曼的启蒙老师，在管教上，她十分严厉，因此，在年幼的陆小曼心中，母亲是一个不苟言笑、十分冷峻的人。

陆小曼对母亲格外敬畏，但对父亲，她则更多一些亲近，时常还喜欢和父亲撒撒娇，如果换作是母亲的话，她就不敢造次了。吴曼华对陆小曼的影响是终生的。

她教陆小曼礼义廉耻、三纲五常，教她淑女的礼仪和在上流社会经营那些微妙的人际关系，作为严母，她要督促女儿学习；作为老师，她亲自教女儿画画，小曼绘画的根基就是从母亲这里传习的，小曼自幼便有这方面的慧根，但是生性好动，不沉不稳，吴曼华也只能将一些皮毛教之一二，再深了，小曼便没有了耐性。

小曼的父亲陆定，也是出身于江南的豪门巨族，他是前清的举人，曾经东渡日本，在早稻田大学攻读，是后来成为日本名相的伊藤博文先生的得意门生。

曹汝霖、袁观澜这些名声显赫的人物都是陆定的同班同学，回国后，他本是在北京贝子贝勒学校做一名国文讲师，但从师学武，怎么能安于一方讲桌？他心怀远大的政治抱负，早在日本参加了孙中山的同盟会，回国后又加入了国民党，后来在北洋政府度支部担任一职，还担任过参事、赋税司长等职务。

陆小曼正是成长在这样有钱、有权、有势的家庭中。

天下哪有父母不疼自己的儿女的？更何况陆小曼自小便美丽动人，一双明眸好若朗星，粉嫩的小脸好似瓷娃娃一般。

陆小曼是陆家唯一的孩子，陆定夫妇先后生育了九个子女，但不幸的是，其余八个兄弟姐妹在幼年或者少年的时候就先后逝去，只留下排行第五的陆小曼孤单一人。陆小曼自小也是体弱多病，直到离开人世的时也是一身病痛。

陆定夫妇对陆小曼格外地疼爱，她是父母幸福快乐的

源泉，像个小开心果。

那时正处于袁世凯统治的时期，小曼当时不过十一二岁，袁世凯为了打击异己，对革命党人采取血腥镇压，对于陆定这样参加过国民党的官员，更是不能放过。

一天，陆定不以为意，仍佩戴着国民党的党徽，口袋里装着党章证要去部里上班，小曼挡住父亲说："证章证件不要带在身上，今天还是摘下藏起来的好。"果然，这天陆定刚到部里，就被检查并带到警厅软禁起来。

晚上，大批警察包围了陆家进行搜查，又询问小曼情况，他们以为可以从小孩口中套出真话来，不想，聪明的小曼笑颜如花，不慌不忙，应对自如，救了父亲。从那以后，陆定更是对小曼宠爱有加，因为小曼为他免了一场横祸。

三岁看老，小曼的聪明才智自小就已经露出尖尖小角，在那江南的水乡得了一抹灵气，又来到那古老的城根下寻一段渊源。小曼的出现，为这座高贵沧桑的城市增添了诗意与柔情。

小曼的成长在冥冥之中有人杰地灵相助，每一次，当上天有意眷顾一个人的时候，总会再赋予她一段传奇，一段不可思议的故事，这样才能让生命的青藤爬满墙头，留给后人回味。

追忆前尘，你是不是西泠桥下的一朵青莲？安静地沉睡千年，只为今生唤醒你祈求而来的梦，寻觅那桥上的美丽邂逅，再也回不到桥下孤傲的静谧。

今生，阔别那魂牵梦绕的江南，离别那流水人家的渡口，将那儿时无忧无虑的歌声遗落在身后的岸边，只留下那烟花满树的芬芳孤独地守候。

那河畔中的垂杨铺满城东岸旁，踏遍芳丛，感受她沁人的花香，仿佛能感受那蓄势待发，而漫不经心的生命线向前舒展，正在酝酿一场爱的春光。

芳华染尽老城

一座城池，道不尽的沧桑，述不尽的离愁，像一只孤独的鸟，驻扎在心头。

1909 年，陆定已经调职到北京工作，为了一家人团聚，母亲带着陆小曼从上海来到了北京。

这一年，她六岁。

北京，成了她生命中重要的标记。

繁华的上海与老城北京全然不同，她非常喜欢这座古城，喜欢那些古老的城墙，像千年的智者述说着隐隐尘世，像悠长婉转的曼妙女子灵灵弱弱的音长，但也正因为这份古老、这份厚重、这份大气，让陆小曼觉得找不到自己，一切看起来都虚假而堂皇。

上海那些灯红酒绿、歌舞升平的舞厅戏院在北京也是一样繁华，上流社会需要这些让你流连的场所，这些地方是公子小姐们的生活集聚地。

但是北京又不似上海那般浓艳，名媛们需要的是一个瞩目的舞台和灯光流苏的追捧。北京社交场所好似还欠些火候，迄今流传美名的名媛也为数不多，陆小曼确是在这京城中央，如梦中的蓝色妖姬悄然绽放，终于等到那一日，芬芳染尽老城的韵味，风华妖娆在世人的眼前。

刚到北京的陆小曼被送到了京师女子师范学堂附属小学，开始她正规的学校生活。

从上海到北京，从一个熟悉的地方来到一个陌生之地，她却没有任何的不适应，天性活泼的陆小曼很快就适应了新生活。

在学校里，她身边总是围绕着一些小姐妹，整天咿咿呀呀凑到一起玩耍，从小，陆小曼就爱玩、爱闹，不喜欢安安静静坐下来读书，在家里，同样有人前呼后拥地陪着她嬉戏，欢声笑语充盈着陆小曼的童年。她不知忧愁，不知世事，不知烦恼，一切都美好而幸福。

陆定虽然宠爱女儿，但对于学业的要求和妻子吴曼华一样，十分严格和苛刻。他发现女儿每天只是和仆人疯癫玩闹，再这样下去恐怕会荒废了学业。

那一天，他回到家中，看见陆小曼和女仆肆意地玩闹，把家里搞得乌烟瘴气，就阴沉着脸把陆小曼叫到身边来，看着女儿每天只知道嬉闹，再想想自己对她含辛茹苦、尽心尽力地栽培，心中更是恼火，竟然狠狠地掴了她一巴掌，小曼紧紧捂着滚烫的脸颊，难以置信地看着父亲，拼命地咬着嘴唇，倔强地忍住不哭。

平日里对自己那么温柔的父亲，今天居然下狠心打了她，善解人意的陆小曼明白一定是自己的懒散伤了父亲的心，她暗暗下决心一定要认真读书，让父亲刮目相看，用实际行动来回击这一个巴掌。天资聪颖的陆小曼只要肯用功，成绩自然提高了不少。

陆定看女儿在学业上有所长进，又将她转入了法国人开办的圣心学堂。这是一所只有少数上流社会的军政和文化界的要员才能将孩子送进去的学校，高昂的学费更是可想而知，然而这一步步都早在陆定夫妇心中计划已久。

高昂的学费买来的不仅是学校新潮的教育模式，更拥有一个良好的交际圈，这也是陆定夫妇不惜花费高昂学费也要让女儿去名流学校的原因之一。

也许是上苍的眷顾，陆小曼不仅生得倾国倾城，还多才多艺，小曼没拜过师傅，却画得一手令人拍案叫绝的油画和水墨。

在北京住的那段日子，小曼总是会画一些画来消遣，画累了便躺下歇一歇，等到有了情致再提笔勾勒几笔。不急不慢，完全凭着自己的兴致，随心所欲，心无杂念。

有一次，小曼信手拈来的一幅油画习作被一位外国人看到，不禁大呼精美，以200法郎的高价高兴地买走。

在那个时代，如果会一门外语，在社交场上便如鱼得水，尤其是女子，如果能流利地讲一口外语，自然能博得更多人的青睐和关注。小曼的父母早有预见，在她很小的时候，就请来了家庭教师，帮她辅导英文，小曼不仅可以说一口标准流利的英语，后来还学习了法文，并且运用自如。

天生丽质难自弃，也只有那个时代才能造就这样一位旷世佳人。她是一个美丽灵秀的女孩，纤细柔美的身材更显江南女子的婉约。

她的诗书画艺、她的天籁之音、她的华美舞姿、她的每一个转身、每一个回眸，都牵绕着多少孤枕难眠的梦，律动着树梢朦胧的月。

她聪明机灵又不失端庄娴静。天若有意青睐，再完美也顺理成章。

这样的女孩在学堂自然更是受欢迎的，恰同学少年，正风华正茂。男孩子像仰望公主一般地仰望着她，一贯集万千宠爱于一身的陆小曼一路顺风顺水，骄傲而趾高气扬地行走在人群的最上方。

歌德的诗用在陆小曼的身上也刚刚好：

多么轻盈和柔美

多么温柔和明净

仿佛撒拉弗天使拨开浓云

露出她的仙姿

你看她

这丽人中的佼佼者

婆娑曼舞

多么欢快

……

她无论走到哪里，都受众人的瞩目。1920 年，陆小曼刚好 18 岁，外交部部长顾维钧要求圣心学堂推荐一名既精通英法文又美丽大方的女孩来参加外交部接待外国使节的工作。

早就已经芳名远播的陆小曼当之无愧地成为了最合适的人选。

陆小曼的父母对于外交部选拔接待外国使节的事情非常重视，他们像所有父母一样，对女儿的成长有一套精心的策划。

陆定夫妇希望女儿走的是一条端庄优雅之路，希望女儿拥有这个社会最上流的生活，希望女儿嫁给最有前途的男人，希望女儿成为真正的名媛淑女，而眼前正是一个绝佳的机会。

一方面，外交部的接待工作可以给陆小曼提供一个锻炼接人待物能力的机会；另一方面，还可以帮助陆小曼打开眼界、增长见识，最重要的是可以结识更多的社会名流。

在父母的支持下，小曼欣然地接受了这份工作，天然绝代的风情与流水般灵动的头脑让小曼在工作中游刃有余。就连她的顶头上司顾维钧部长也对她赞不绝口，甚至有一次，在陆定面前说："陆建三的面孔一点儿也不聪明，可是她的女儿陆小曼小姐却那样漂亮、聪明。"陆定只是淡淡一笑，心中却是百般的骄傲。

小曼游走在舞池中央，灯影伴琴音，成为一道美丽的风景。在翻译工作中也是一道不可不看的风景，从小便聪颖、可爱、活泼、开朗的陆小曼此时更是落落大方、妙语连珠，留下了不少津津乐道的传世佳话。

有一次，法国霞飞将军来中国访问，在检阅中国仪仗队时，发现仪仗队表现不佳，十分气恼，便奚落道："你们中国的练兵方式大概与世界各国都不相同吧！"

小曼虽然一方面确实觉得仪仗队动作不整齐，但也不甘于外人来数落，竟回答说："没什么不同，全因为你是当今世界上有名的英雄，大家见到你不由得激动，所以动作无法整齐。"

霞飞将军听后豁然一笑，小曼的回答既挽回了中国仪仗队的面子，又在玩笑之间扭转了霞飞将军对中国军人的印象。

还有一次，小曼陪同外宾参观国粹表演，由于节目不太精彩，有些外宾竟然直言不讳地说："这么糟糕的东西，怎么可以搬上舞台！"

小曼听后非常气愤，小孩脾气一般，毫不客气地回敬了一句："这些都是我们国家有特色的节目，只是你们看不懂而已。"那个外宾一时语塞，他没有想到这么一个小姑娘竟然有如此胆量来反驳他，便耸耸肩膀，冲小曼一笑。

陆小曼就是这样一个女孩：拥有自己独特的小曼气质，性情耿直又聪明机灵，天真烂漫又高贵典雅。

有一次，在一场中外交流的宴会上，小曼陪同外宾谈笑风生，突然间"啪"的一声震惊四座，紧接着便是哄堂大笑，原来是有一个外国人为了取乐，竟用烟头把中国儿童的气球点爆，然后捧腹大笑。

小曼看在眼里，心里不痛快极了，径直走过去取过烟头，便把一个外国小男孩的气球也点爆了，这一声"啪"响后，没有哄堂大笑，堂皇的会馆中弥漫着紧张而震惊的气息，小曼却像无事之人一样走出围观的人群，回到朋友身边，继续玩自己的。这就是小曼，一个骄傲的、纯真的陆小曼。

三年的外交翻译生涯让小曼迅速成长为北京社交场上

的名媛淑女，她不再安于平静的生活、安稳的学堂，而是沉醉在繁华、奢靡、高贵的社交圈中，那种被人追捧、到处被簇拥的感觉极大地满足了这个正是烂漫花季的少女心思。

她即古典，又西式。

她不是最美的，但加上她的才华与修养，便是最惊艳的。貌美只是她的资本，而不是全部。她在闪耀处露出锋芒，纵情声色，挥洒着青春。她在舞池中央旋转、旋转、旋转，舞醉了多少看客，又辜负了多少热情。

她可以写一手蝇头小楷，也可以写流畅的英文法文；她能诗能画，又能歌善舞；她会唱京剧昆曲，又会钢琴音乐；她擅长丹青，又擅长西洋油画……她中西合璧，风华绝代。

陆小曼不愧"南唐北陆"之名，在那个才子佳人数不胜数的年代，陆小曼因为独特的气质而备受青睐。"南唐"指的是名动上海滩的美人唐瑛，而"北陆"正是指陆小曼。一南一北，她们娉婷芳华，各领半壁江山，独领风骚。

看尽那繁华的往事，都已经渐行渐远。一杯清茶，让月色在杯中氤氲开来，东风又凋零了几处梨花，掩卷长思，一个女子在花样年华便承受着如此美誉，盛世的赞美对于她来说，究竟是一件好事，还是一桩坏事？

那些浮华，渐欲迷人眼。从此，便再也忍受不住寂寞，再也禁不起孤独。

第二章　一场寂寞的烟火

花开荼蘼，无处躲闪

一场春风散尽，花已开到靡荼，时光流转，陆小曼转眼已经 19 岁，而那些属于孩童的单纯浪漫的时光已经渐渐消逝在华美的衣角流苏之中。

轻舞霓裳，一个辗转，陆小曼已是大人模样。她出落得亭亭玉立、端庄娴静。

每个女子都期待一场美丽的邂逅、一段绝美的爱情、一个相知相许的人。那岁月垄成的花痕铺在路上，在华光倾泻的那一夜，她出发了。

悄悄地，告别青涩，也微露曼妙的身形。不经意间，滑落的笑靥像水仙一样绽放。少女的情窦初绽，似乎还带

着惊吓和慌张，还有青春的忧伤。

最近，陆小曼的家中来来往往很多的媒人，那些人总是满怀欢心地来，却唉声叹气地走。

对于陆小曼来说，这些人都太过陌生。对于陆定夫妇来说，这些人都太过平庸。

陆定夫妇深知，女儿毕业于北京法国圣心学堂，因面目长得清秀端庄，朱唇皓齿，婀娜娉婷，被周围的红男绿女们称为“东方美人”，他们深信，拥有倾国倾城的容貌、温婉动人气质的女儿，必定会有一个气度不凡的男子前来迎娶，那将是一段天赐良缘，他们怎能随便应了他人的媒？

所以他们宁愿选择等待，等到那一个缘定三生的人，更重要的是等待一个前途不可限量的男子出现，风风光光地将女儿娶走。

大部分的人会认为这样的父母很势利，但编者更愿意用爱来解释这样的等待。天下父母哪有不爱儿女的？陆小曼是陆家唯一的骨肉，他们一定要确保她的幸福。

也许有家族的荣誉，也许有门当户对的顾虑，也许有门楣的考虑，但千言万语，万般思量，只有深爱才会如此。

他们心中有一套完备的标准，只有才子才能配佳人，只有郎才才能配女貌，只有等到那样的人，父母才能放心地将小曼的手交给他，才能确定小曼的人生是幸福的。

这段时间陆小曼却是心慌意乱的，仿佛有一场大的劫难要来临似的，她对于未来的一切全然未知，这种不可操控感让她感到惊慌，这种被人主宰命运的感觉让她恐惧，她能做的只是拭目以待，同父母一样，等待一个德才兼备、将来有一日必能飞黄腾达的可心男子将她带走。

终于有一天，在小曼的寄父母唐在礼夫妇的介绍下，陆家选定了这样一位器宇轩昂的男子。

他叫王赓，字受庆，江苏无锡人，1895 年 5 月 15 日生，比小曼大七岁，在众多的候选人中，这个男子有着让陆定夫妇一眼看中的诸多优势。

王赓于 1911 年从清华大学毕业后保送美国，先后在密歇根大学、哥伦比亚大学、普林斯顿大学学习哲学。毕业后，又赴著名的西点军校攻读军事，与后来被选为美国总统的艾森豪威尔是同班同学。

光阴像一把刻刀在这个年轻人的身上留下锋芒，八年的留学生涯让这个男子严谨、执着、独立，八年的孤旅，又让王赓思念家乡，他想，是时候回到这片土地一展宏图了。而此时的中国正值军阀混战，动荡不安，正需要像王赓这样的人才。

果然，天遂人愿，抑或是机会总是留给有准备的人，王赓回国后顺理成章地来到陆军部就职，并在 1918 年以中国代表团上校武官和外交部外文翻译的身份随陆征祥参加

巴黎和会，协助留洋的军事专家争取中国的权利。王赓少年成事，巴黎和会内围尽心尽力呼吁中国权益，而巴黎和会外围和他接应的正是我国伟大的思想家梁启超。

梁启超也正是在这个时候看中了王赓的人品和才华，欣然收他为弟子，而徐志摩也是梁启超的弟子，时也，运也，命也，要相识的，要缘起的，总是在劫难逃。

命运早就已经为他们一生的缘分，为以后的那段故事埋下了伏笔。

时年仅十七岁的小曼第一次见到这个男子，便为那一眼温柔倾心，那是一个坚毅又果断的神情，却也透出无限的怜惜，他在为谁怜惜？他是为谁忧愁？他的内心有着怎么样的对白？他的一切对于陆小曼来说像一个谜一样吸引着她。

一个是娉娉袅袅的绝世佳人，一个是玉树临风的青年才俊；一个是上流社会的名媛淑女，一个是游刃官场的上校绅士，这在当时的上流社会，一切看起来那么吻合，那么相配。

壮志凌云的王赓若有一位娘家财力雄厚又擅长交际的太太辅助，必定会在事业上事半功倍，而锦衣玉食、无忧无虑的小曼也正需要一位能为她的奢侈生活埋单的丈夫。偏偏两人又是郎才女貌，谁说这不是天作之合呢？

小曼的母亲吴曼华顺理成章地很快答应了这桩亲事，

小曼之母看到有这种少年才俊，认为这是雀屏中选的最理想人物，虽是王赓年龄长小曼七岁，她偏说他这穷小子将来一定有办法的，毫不迟疑地把小曼许配给了他。就这样，从订婚到结婚，前后不到一个月的时间，人们称之为“闪电结婚”，也有人称之为“开特别快车”。

当时的王赓还是一贫如洗，无力承担婚礼的巨大开销。

但陆家并不在意此时的王赓，他们看中的是这个年轻人不可限量的未来。婚礼的一切费用由财大气粗的陆家一力承担，陆定要让女儿风风光光地嫁出去。

陆小曼的婚礼十分盛大，轰动了整个京城。“光女傧相就有九位之多，除曹汝霖的女儿、章宗祥的女儿、叶恭绰的女儿、赵椿年的女儿外，还有英国小姐数位。这些小姐的衣服，也都是由陆家定制。婚礼的当天，中外来宾数百人，几乎把‘海军联欢社’的大门给挤破了”。

一直耳闻陆小曼风华绝代，很多人却都没有机会一睹芳容，今日在场，无论男人或是女人都无不为之惊叹。

那个时候的北京已经有了西风东渐的趋势，结婚有婚礼、婚纱、蛋糕、戒指，等等，小曼的惊艳出场仍是一段美丽的佳话。

小曼着一袭白色拖地烟笼轻纱百水裙，袖口绣着千丝彩纹蝶，胸前衣襟上勾嵌几缕花边，裙摆一层单薄如薄雾

青云般的绢纱，贵气从窈窕身姿中蔓延开来，气若幽兰，头上披着白纱凤披，随风飘动，乌黑的秀发若隐若现，颈前一只通灵美玉倒是自在怡然，耳垂坠着一对流星蝴蝶玉，阳光从耳际轻抚而来，照耀得更加炫目。

当王赓将那白纱撩开，只见小曼那肤若美瓷，唇似樱花，明眸皓齿，小曼又看到那双曾经打动过她的双眼，不胜娇羞被王赓尽收眼底。

此时，正是1922年。

他，为她而来。

她，无处躲闪。

就这样，王赓走入了陆小曼的故事，牵着她的手，却走向了冰潭深处。

同年3月，徐志摩在大洋彼岸正在办理离婚。那时，他们还不相识，各自有各自的幸福和爱人，谁知道不久以后将有一场邂逅改变彼此生命的轨迹。

那时的徐志摩正在迷恋另一个才华横溢的女子——林徽因。在康桥的柔波里，他们心心相印，却在现实的鞭笞下，林徽因慌忙逃离，尽管徐志摩为了她回到清白之身，转眼还是各奔东西。

林徽因同父亲回到中国，并选择了同梁启超的大公子梁思成确立了恋爱关系，当徐志摩追回北京的时候，他们已经订婚了，但徐志摩仍然没有放弃，他苦苦追求，却连连遭受打击。

直到林徽因的父亲林长民告诉他，林徽因和梁思成要共赴美国留学，这场爱情已经不可逆转的时候，他才恍然觉悟到，是时候该放手了，这只是一个人的纠缠。但他心中仍然铭记那姣美的月光，洒在她的脸庞，那粼粼的河水，像心头的波光。

他将自己化作天空中的一片云，就这样放任自己，投影在谁的波心，最后成为幻灭的一支踪影、交汇的一道光亮。

大概这就是人们所说的擦肩，有缘无分的一场相恋。

但他对爱执着，他说："我将于茫茫人海中访我唯一灵魂之伴侣，得之，我幸；不得，我命，如此而已。"一生为爱而活，悲欢离合，大喜大悲，真实而洒脱。

王家卫的电影中有一句台词："世界上，有一种鸟是没有脚的，它只可以飞啊，飞，飞得累了便在风里睡觉，这种鸟儿一辈子只可以落地一次，那一次就是它死的时候。"

徐志摩的一生就像这种没有脚的飞鸟，翻山越岭，只为寻找在水一方的伊人，为她而来，为她而落地，为她而死去。

1922年，这个多事之秋，他和她还没有相遇，彼此只是陌路人。

心如一江水

本以为那场婚礼是一段美丽的开场。

本以为那个男子是命中等待的宿命。

本以为那次牵手是一次永远的承诺。

原来一切只是以为。命运会在你自以为是的时候将你摇醒，告诉你，那些都是你自以为的梦。

短暂而甜蜜的蜜月过后，小曼发现那些快乐的时光一晃而逝，日后留给她的将是遥遥无期的孤独与寂寞。

正如所有人预期的那样，王赓是一个尽职尽责、办事干练的年轻人，他少年得志，一路高升，结婚后的第三年，也就是 1924 年底，便被任命为哈尔滨警察厅厅长。

短短六年而已，王赓的能力让众人无不为之赞叹。

然而正如这世上阴阳相生的道理一样，王赓将时间和精力全部投注在事业上，才能换取如此成就，他忘了，在北平还有一个家，家中还有新婚妻子，一个需要他来关心和陪伴的女人。

父母之命，媒妁之言，毕竟没有真正相处过，两个人又怎么会相互了解呢？就凭那一眼的倾心，怎么能抵得过天长日久的琐碎之事？漫漫长路，真正在一起的日子才刚刚开始。

王赓初到哈尔滨时，要求小曼一同前往。

这个名满京城的女人正如明星一般，要来哈尔滨的消息不知什么时候竟已传遍这北国冰城的街头巷尾，在那些街道的墙壁上赫然粘贴着陆小曼身着曼妙旗袍的张张海报。王赓不喜欢声张，却仍感觉脸上有光，有妻如此，夫复何求？他心中既是宽慰，又是感激。她就像是上天赐给他的一件礼物，只要她在身边，他也感到心安。

在哈尔滨的日子，王赓仍然每天忙着警察厅的公务，两人虽然同住一个屋檐下，却常常见不到面。往往王赓走了，小曼还没有起来，王赓晚上回家时，小曼却已经沉睡多时。

这不是陆小曼心中所期待的婚姻，王赓也不是她无数次幻想的爱侣，日复一日的单调，将她的耐心一点点磨耗。

当夜幕降临这座北城，小曼总是郁郁寡欢。

随手披起一件淡粉色的绣花罗衫，移步到小院中，她未施一丝粉黛，颊间微微泛着红晕，那是刚刚睡醒还没有褪去的热。盈盈的月光洒在小曼身上，映得她好似一朵盛开的琼花。

每个白日，来往于形形色色的人中间，有时还要陪同王赓出去应酬，所有人都以为她是一个无忧无虑的千金小姐，身前身后风光无限的王太太。而只有小曼自己知道，心中三千烦恼凝为心结一枚，没有人来为她分忧。

忽然一阵凉风袭来，小曼的心隐隐作痛，连忙紧紧衣衫，回到那冷冰冰的小洋楼，这座空空荡荡没有一丝生机的宫殿。正欲开门的时候，一个人突然来到身前代劳，这才发现，原来贴身丫鬟荷贞一直跟在身后，自己竟是太游离了，一心被事情索绕，连身后跟个人都不察觉。这个小丫头已经跟自己几年了？她就像自己的影子一般随行，不由得也为她怜惜起来。“荷贞，你早点儿去歇着吧，我上楼去，不用你了。”“好的，太太。”

小曼回到房间的时候，窗外已是乌云密布，抬头看一眼钟，已经将近12点，王赓还没有回来，陆小曼不知是在担心丈夫晚些会被雨淋到，还是根本无心睡眠，因为此时她心中已经开始记挂着另一件事情了，那就是：回北平。

这样的场景发生了很多次，小曼只是一个人走走、一个人停停，想着往事，想着心事，回到房间想着回去的打算。

小曼从蜜月后，开始感觉自己像一叶扁舟，在这浩瀚的生活中，没有方向，没有依靠，也没有温暖。

第二天天一亮，小曼朦朦胧胧地听见王赓的声音："一会儿太太起来，你陪她多出去转转。"小曼这才想起昨天不知是什么时候睡着了，听到王赓的声音便连忙起身。

小曼一身淡粉色丝绸裹身，推了推被子，露出线条优美的颈项和清晰可见的锁骨，胸前一抹蕾丝如雪月，三千发丝散落在肩膀上，衬着那雪白透皙的脸庞，显得娇媚迷人，小曼心中有些话却欲言又止，态生两靥之愁，娇袭一身之病。

王赓见太太醒来，温柔地走过来轻轻一吻落在她的额头，此生能得如此女子相伴左右，哪个男人不心满意足？可偏偏王赓不解风情，每日忙于奔波，常常将小曼遗忘家中，来哈尔滨这么长时间，可每天他都要早出晚归，留小曼独守空房。

日日思君不见君，久了，会不会就厌了？

小曼跟王赓说了她想回北平的想法，她不愿一个人在这干冷的东北守着一个阴冷的空房，她想回到北平那灯红酒绿、温暖照人的世界里去。

其实，若王赓略解风情，便能听出那不过是一个女人

在暗自发泄心中的不满和对他默默地抗议。可是，偏偏他不是，他正直、老实，更重要的是他宠她，所以，他完全没有理解小曼的良苦用心。

听到她的要求，他只是一愣，便温柔似水地望着她，点点头。他总是用那样的眼神看着她，那种神情更像兄长对妹妹的怜惜，更像父亲对女儿的关爱，却少了很多的柔情。

小曼是失望的，她原以为王赓会挽留她，但是他没有，其实也在意料之中，因为那不就是他一直以来的丈夫王赓吗？他不是什么事情都喜欢顺从她吗？

王赓走后，小曼只是坐在床头，泪光点点，娇喘微微。说不出心中的五味杂陈，女人的心，真像那一江海水，何时会翻腾、何时会平静、何时会汹涌，有谁能猜中一二？

小曼的心中有哀伤、有失望，可是也有欢心，毕竟还是小孩子的性情，她可以马上回到北京了，可以回到她那个生活的圈子里了，可以过一个人自由自在的生活了，忧愁只是一层淡淡的乌云，转瞬而过，她的心已经生出一双羽翼，飞回了北平。

其实，王赓心中又何尝舍得？但纵是有千万个不舍也不能挽留。

前一夜，他回到家的时候，看见小曼趴在桌旁睡着了，便心疼地将她抱到床上，昏昏暗暗的灯光下，王赓分明在她的脸上看见了泪痕。他心疼地望着她，心痛地责备自己，他哪里不知道自己应该多陪陪她呢？但是人在官场之中，很多事情身不由己，他自知没有办法给小曼想要的，让她受了委屈，所以在心中更加宠爱着小曼，偏偏她又提出要回北平，想起昨天她那梨花带雨的脸庞，怎么能忍心拒绝呢？有一种爱就是这样默默地付出，对方却浑然不知。

于是小曼回京，从此两人便过上了两地分居的日子。

哪怕是坚贞的爱情也会经受不住距离的考验，更何况他们之间那烟笼寒水月笼沙般的爱恋？哪里能承受这些考验。只怕狂风一吹便消散在风中，只怕骤雨一打便破碎于脚下。

而且，王赓确实不懂爱情，不懂男欢女爱的技巧，用郁达夫的说法，王赓不懂得女人的心理，不会谈情说爱，不会体贴妻子，因此，即便相聚在一起过着共同的生活，都常常同床异梦，在感情上隔着一堵墙，彼此感受不到幸福，感受不到对方的呵护。相聚时尚且如此，相隔千万里，那就如同失去了牵引的风筝，谁也不知道下一秒会飞到何方？

锁在万千繁华的孤城

回到北京，那里才是陆小曼天性释放的地方。

看不见，有多少的爱慕在音乐律动间流转；望不穿，有多少青睐在轻歌舞步中簇攒。

在那婀娜的笙箫里，在那落花的从容间，她像一曲曼妙的歌，落在湖面，化身一朵涟漪，渐渐荡漾开来，她随着感觉让自己去释怀，每天高雅而姿态万千地游走在这个上流社会，她永远都是焦点，和朋友们去舞厅跳舞，去戏园吊嗓子，有时还会参加义演。

生活像金花一样妖艳，只有到了夜深人静的时候，心也渐渐落在手中，轻轻柔柔的一个声音总是能从远方传来，好像是一种呼唤，似真亦幻，越过天之涯、海之角，风之翼、云之间，然后在记忆中一点一点散开。

也许正是这来自内心的声音让小曼渐渐转变，冥冥中，早有安排。

爱情早就有人下了定论，它逃不过时间和距离的考验，天长地久的誓言需要长相厮守的陪伴，你若在身边，便无比心安，哪怕魂早已经飞过山海，但他只需在你耳畔甜言蜜语，那也感到实在。

相反，人若在天涯之巅，哪怕心和你离得再近，魂贴在你的身边，你也只怕会孤单落寞。

真爱若能经过这样的锤炼便固若金汤一般了吧？但谁愿意冒这个险呢？毕竟我们连自己也无法尽信，又哪敢去要求别人？

小曼独自在北京生活，与王赓更是很少见面，没事的时候，小曼会陪母亲和她的那些官太太打牌。牌桌上，总是绕不开那些官话连篇，但有句话是真的：陆小曼嫁得好。

每次听到这里，陆母总是装作不在乎，脸上像花开一般的笑容早就已经将她出卖。每当这个时候，小曼会应景地插上一句："当官有什么好，也没时间在家陪我。"

那两个中年贵妇便会哈哈一笑，努努嘴："嗨，等到你到了我们这个年纪，根本就不需要他，只需要他能给你拿回来钱就知足了！"

其实，小曼早就习惯了身边的人谈论她的婚姻、她的家庭。

无论走到哪里，似乎都有一些这样的女人，好像比她自己还了解她一样。然而那些只不过是些逢场作戏的话，她已经开始讨厌她的婚姻，她不愿意跟这个话题再沾染半点儿关系。

她拥有一个看上去无比幸福的婚姻和令人羡慕的高官丈夫，但这不是她所期待的，她不仅需要这些奢华的物质，更向往心灵相伴。

每一个清凉静幽的夜，在那缓缓的灯光里，她安静地一个人坐在书桌前，梳理着那些春来冬去的心事。王赓，似乎只剩下一个幻影，开始模糊，最后，记忆中只剩下了“海军联欢社”的大门，那个他们成婚的地方，像是一个牢笼一般，将自己束缚住。

肠成结，泪盈襟。千回百转的孤独，化一声沉重的叹息，一声长叹一声愁。

从小，陆小曼集万千宠爱于一身，她也自视天生丽质难自弃，无论走到哪里，总是满面春风、笑语盈盈。

那些豆蔻年华，流淌在翩翩舞袖中，挥洒在一抹夕阳的乌衣巷中，消逝在朱雀桥边的兰花草里，她走过的地方都是灯火辉煌和艳丽风光，她不愿将自己的心事付诸人前，让那残损的婚姻为她染一枚污色，她暗藏那些惆怅于心中最深的地方，为自己的心塑了一座城，一座没有人光临过的心中之城。

时间久了，自己竟然也忘记了钥匙放在哪里。在那个不识爱恋迷梦的年纪，好像是做了一场梦，梦醒了，自己便是王太太了。

王赓从美国留学回来，带着美国化的生活习惯，还有那些军校的做派，什么时候工作、什么时候玩，分得再清楚不过了。

一个星期七天，只有周日的时候略作调整，其他时间全部都在埋头工作，甚至连新婚时，他也手不释卷，一副老学究的模样。而小曼天生便是那林间的野鹤，她喜欢玩乐，喜欢交际，喜欢流连于歌舞升平的天上人间。小曼越来越孤独寂寞，越来越感到这是一个梦魇。

然而父母要求她做一个好妻子，每个人都可以对她品头论足，在这个封建礼仪的国家，她感到绝望。

她接受的是开放的西式教育，却还要回到古老的框框里面生活，她接受的是母亲那套纲常伦理，却也受着西风的长久熏染，她早已经不是母亲那个年代传统意义上的名媛淑女，而是懂得什么是真正的快乐，并勇于追求自己的幸福。

对于新女性来说，早就已经看透了母亲那一代女人的悲哀，一生的无奈，或者不仅仅是为了丈夫和孩子，男女

是一样平等的，她也拥有追求个性的权利。

她在日记中写道："从前多少女子，为了怕人骂，怕人背后批评，甘愿牺牲自己的快乐与身体，怨死闺中，要不然就是终身得了不死不活的病，呻吟到死，这一类的可怜女子，我敢说十个里面有九个是自己明知故犯的，她们可怜，至死都不明白是什么害了她们。"

陆小曼渴望爱人，也渴望被爱，若是遇到那样一个知心的爱人，想必死也甘愿吧。她宁愿对镜贴花黄，在戏中演绎别人的人生，在歌声中忘记自己，在他人的故事里魂断天涯。

看着青铜镜后面的鸳鸯戏水，她自怜自叹。看着镜中的自己，两弯似蹙非蹙笼烟眉，一双似喜非喜含情目，香腮染赤，云鬓浸墨，正是如花似玉的年纪，却无人欣赏，等到暗香已去，更是只留她自顾叹息了。

她渴望的是一段真正的爱情，然而当她真正明白自己内心的时候，却已为人妻，有一种冲动想要去为幸福而搏，但是幸福在哪里？真爱在哪里？一切还只是一场空梦，身后的力量也时而强烈，时而虚化。陆小曼只能自怨自艾，消极反抗。

她在自己的日记中说："其实，我不羡富贵，也不慕荣华，我只要一个安乐的家庭、如心的伴侣，谁知连这一点要求都不能得到，只落得终日里孤单的，有话都没有人能讲，每天只是强自欢笑地在人群里混。”

婚姻，对于那些有情人是神仙眷侣的爱巢，而对于很多人则是牢笼，对于陆小曼来说，婚姻正是这样一座围城，她每天都在忍耐着压抑、窒息、痛苦。

山一程，水一程，无人陪伴，无人欣赏，只能孤单一人看那来往的行人、倾城的月光，饮那无尽的惆怅和哀婉，只是心中还有一丝的期许，在那芳菲时节，有人能走进她的孤城。

第三章　茫茫人海中走过来一个人

天定的缘

陆小曼每天沉溺于享乐中，那是无奈的生活留给她唯一的路。

然而天不绝人愿，有一个人从茫茫人海中翩翩而来，化作蜷曲的玫瑰花蕾，伸出绵绵情丝牵住她的心。

天定的缘已经在向她靠近，彼时，将遇而未遇，就像春天的萌芽，一切仍在含苞，他和她，只等相识的那一霎。

关于徐志摩和陆小曼是如何相遇的故事，有太多的版本。

其实，关于这些文人墨客、才子佳人的风花雪月事不必拘泥于历史，他们无论如何都会相遇，他们总是遇见了。

或是在王赓回来的欢迎酒宴上，或是在华灯初上的舞池中，或是在街头小巷里，或是在舞榭歌台上，这些所有想象中的美好，是邂逅也罢，是注定也罢，不过都是我们的猜想。

暂且，让我们放下严谨，放下史料，就跟随那一缕月光，追随那段扑朔的历史，回到那抹流光。

那天晚上，陆小曼刚从戏院回来，月光清扫着她满身的疲惫，在那昆曲中，小曼将自己放流，徜徉在古人的爱情纠葛之中，她才似乎感受到生命的一些滋味。

每次等到曲终人散的时候，她才退场，在那古老的戏院里，挥手告别一段段清梦，走出戏院的大门，又回到现实的凄凉。

王公馆的老妈子这个时候听到太太搭乘的汽车熄火的声音，连忙出来迎接，第一句话便是“先生回来了”。

“先生回来了……”小曼喃喃道。

有一丝欢愉掠过心头，这次分别已经多久没见了？

上次见面还是春天吧，现在却已经是秋高气爽了。小曼绕过沙发远远地望了一眼书房，门没有关，王赓依然还是老样子，只是人瘦了些。

昏暗的灯光幽幽地映着王赓的脸庞，那年站在面前的正是这张英俊的脸啊，从什么时候开始，他离自己越来越遥远了呢？即使就像现在这样，就在眼前，但还是感觉虚幻得像一泉粼粼的月光。

清夜无尘，月色如银。

你为什么如此不解风情？陆小曼由对王赓一点点的失望，最后成为绝望。在她的生活中，王赓如渐渐褪去的一幅画、一道光影、一袭云。

第二天一早，王赓邀请了胡适、徐志摩、刘海粟这些老朋友小聚，关于这场聚会，陆小曼是否出席，说法纷纭，但无关紧要，王赓、徐志摩都是梁启超的学生，在北平他们又都是年轻俊杰，缘分早在天书中写好，注定会遇见，陆小曼和徐志摩或许是在聚会上，或许是在舞会上，或许是在王赓家中，或许早一步，抑或是迟一步，但一切刚刚好，这就是缘分。

陆小曼陷入婚姻之火，梦中之身，孤独而无奈，斟一壶酒，轻抚几下琴弦，声音荡漾出去，好似自己无处安放的心声。

此时此刻徐志摩也正在经历着失恋的苦痛。他从英国一路追随林徽因，为了爱情，他不顾世俗的压力，毅然决然地与怀有身孕的张幼仪离婚，终于争取了一个清白之身，可是他太不了解林徽因了。

林徽因要的不仅仅是人身的清白，还有名声的清白，完美无瑕的她怎么能允许自己背负第三者的恶名？

她的狠心，她的离开，她的决绝，让人恨，也让人叹

息，但孰是孰非，没有人可以判定，因为错过才昭示着新的一场相遇。

可是对于爱情，徐志摩十分执着，他从伦敦回来，即使看到林徽因和梁思成此时已经在各种场合出双入对，他仍然寻找合适的机会向林徽因表达爱意。

梁启超看着爱徒和爱子为了林徽因而矛盾重生，为了避免意外的发生，决定让林徽因和梁思成一起赴美留学，等到学业完成后回来结婚。

这对徐志摩来说是一个残酷的打击，这段时间，是他人生中最失意的一段时期。

他的心情无比烦闷，对于他来说，最魅人、最根本的希望是爱情，最根本的绝望也是爱情，只有将爱与真看做毕生追求之物的人，才会理解其中有多少痴情。

胡适每每见到他的时候，他都拿着一支烟，谈得最多的还是林徽因，看着那些缭绕烟雾好似梦长，一切宛如康桥水中央，波心荡，冷月无声，那是这场梦的起点，也是欲说还休的终点。

他说："Kissing the Fire"（吻火），胡适惊愕地看着他，心中不忍这样的青年才子在感情的炽火中烧身，便将他推荐到北大做教授，教西方文学，希望可以转移一些注意力。

徐志摩说："教了书才让我感觉到自己在学问上站不住脚，我是该踏踏实实地做点儿事情了，回来这两年，时间就这么浑浑噩噩地过去了，想起来就叫人心慌。”虽然这样说，但他仍蒙着自己的那半个灵魂，一心追求另一半灵魂。“我将于茫茫人海中访我唯一灵魂之伴侣；得之，我幸；不得，我命，如此而已。”

一阵秋风吹落了秋叶，又翻了个跟头之后便无影无踪了。

他终于要走进她的故事了，她失意的心遇到了另一颗失意的心，应该相逢，应该紧握，然后一起走进那个注定的结局。心路坎坷，渐行渐远，那是尘世黄昏的钟鼓，仿佛一个黎明马上就要来临，一个希望，一个传说叫做幸福。据郁达夫的爱人王映霞介绍，陆小曼是1924年在一个交际场所遇见徐志摩的，他们都是跳舞能手，爵士音乐一响，两个人就欣然起舞，跳个不停，他们熟练的步伐，优美的姿态，使舞池里的其他男士显得“六宫粉黛无颜色”。他们两人，一个是窈窕淑女，情意绵绵，一个是江南才子，风度翩翩。一个是朵含露玫瑰，一个是首抒情的新诗。干柴碰上烈火，怎样会不迸发出爱情的火花？

她遇到他，他低头轻轻地说：“不管快乐还是不快乐，人最重要的就是活得要真。”

那句话像一只手，拂去了陆小曼埋藏在心里的那座空城上的皑皑尘土，不知是哪里来的钥匙，竟然打开了那道门，她还没有来得及去挡，所有的秘密已经被这个男人一

览无余。或许徐志摩看她的第一眼便已经看到城内的秘密，打开门只是让她自己面对这个尘封的自己，一个真实的自己。

是啊，她有多少不快乐？她心中记挂着多少烦恼？她埋藏了多少愿望？多年来谁曾真正地关心过？倒是被眼前这个第一次见面的男子一眼洞穿。

那一眼恰似一波温暖的春风，拂过女子的心潮，荡漾开来，回旋而去，遇见一个让你心动的人，不用太多的言语，只需要一个眼神，便可以将心融化了，化作一抹娇艳的红，随着海河不息地奔腾，爬上树梢高高地翘望，追着云月焦急地找寻，心思全部寄托给你，不留一丝一片给自己。

因为这份“真”，小曼开始懂得了真正的爱情。

徐志摩不同于王赓，王赓在她的眼中是一个只知道升官发财，从来不会花费时间在人心上的人，而徐志摩是他见过最纯洁、最纯粹、最真挚、最善良、最美好的人，他那些为爱的宣言、为自由的勇气、为诗的浪漫，所有的一切在她的眼中都是真诚的，不掺杂半点儿虚伪的，而这些正是她一直渴望追寻的。

是徐志摩的出现，让她又有了爱的勇气、寻真的力量。她在《爱眉小札》（序）中写道：“这样的生活一直到无意间认识志摩，叫他那双放射神辉的眼睛照彻了我内心的肺腑，认明了我的隐痛，更用真挚的感情劝我不要再在骗人欺己中偷活，不要自己毁灭前程，他那种倾心相向的真情，才使我的生活转换了方向，而同时也就跌入了恋爱了。”

而徐志摩也完全被陆小曼迷住了，他说：“弱水三千，我只取她那一瓢饮。”众里寻他千百度，蓦然回首，那人却在灯火阑珊处。终于被他寻到了、遇到了，他说：“我有时真想拉你一同死去。我真的不沾恋这形式的生命，我只求一个同伴。”徐志摩就是这样，为爱痴狂，因为他的爱热烈而执着。

徐志摩则在自己的日记中叙述道：“我不在时你想我，有时很热烈地想我，那我信！但我不在时你依旧有你的生活，并不是怎样的过不下去；我在，你当然更高兴，但我所最要知道的是，眉呀，我是否是你‘完全的必要’？我是否能给你一些世上再没有第二人能给你的东西？是否在我的爱与你的爱里，你得到了你一生最圆满、最无遗憾的满足？这问题是最重要不过的，因为恋爱之所以为恋爱就在它那绝不可改变、不可替代的一点；罗米乌爱玖丽德，愿为她死，世上再没有第二个女子能动他的心；玖丽德爱罗米乌，愿为他死，世上再没有第二个男子能占她一点儿的情，他们那恋爱之所以不朽，又高尚，又美，就在这里。”

徐志摩一生都在追求真爱，他期待有一位倾心的女子与他作伴，与他的灵魂相依。当陆小曼出现，他纵身坠入爱河之中，那种美妙和情景纷沓而至，他不自觉地将自己比作罗米乌（罗密欧），将陆小曼比作玖丽德（朱丽叶）。

冷静与狂热

于千万人之中，陆小曼遇见了那个望穿秋水的人。

于千万年之中，在时间的无涯的荒野里，偏偏迟了那么一步，但徐志摩还是赶上了。

尽管那时的陆小曼已经嫁给了王赓，但她貌美如花，他注定要为了她再争取一次，为了爱而努力一次，这样才不负那岁月的眷恋，赐予他们在今生今世的情缘。

他说："别说得罪人，到必要时，天地都得捣烂他那！"

陆小曼遇到的这两个男人——王赓和徐志摩。他们好像一对反义词，志摩浪漫，王赓实在；志摩是理想主义，王赓是现实主义；志摩热烈，王赓沉稳；志摩狂热，王赓冷静。

他们唯一相同的地方，就是都爱着陆小曼，那么的浓烈。

只是，王赓的爱更加含蓄、更加内敛、更加温柔。

与徐志摩热烈的爱相比，王赓更愿意将爱默默地埋在心中，用行动去表达，他不追求形式，更在乎现实的需要。

然而，现在的陆小曼，单纯的物质享受已经远远不能够满足她了，天真烂漫的年纪，怎么能甘于平庸的婚姻、平淡的生活？她也需要精神上的安抚、灵魂的陪伴，她内心的空虚寂寞，只有自己懂。

人往往是如此，当物质得到满足的时候，才开始追求精神上的依靠。

其实，陆小曼这些精神的亏空是因为王赓的从容。

王赓让陆小曼在毫无察觉的情况下满足她锦衣玉食的生活，却忽略了精神的陪伴，这让陆小曼似乎觉得这些生活都是理所应当的，而那精神的空虚寂寞此时成为了她心中最大的枷锁。

王赓的责任心很强，在其位必然要尽心尽力，在西点军校的学习生活，也养成了严格的作息时间。他少娱乐，大部分时间都用来工作和学习；而陆小曼天性活泼，这样的生活实在不适合她。

当她认识了徐志摩，才仿佛找到了灵魂的伴侣一般，这个男人有着和自己一样的性情。

徐志摩心灵纯净，心无杂念，竟然直接来到王家来找陆小曼。而每每徐志摩来的时候，王赓都在忙着批改公文，或者公务缠身，便头也不抬一下地说："志摩，我忙，我不去，叫小曼陪你去玩吧！"如果小曼想出去玩，而徐志摩又恰好在跟前，王赓又会对小曼说："我没空，让志摩陪你去玩吧！"

王赓毫无戒心，因为他信任妻子，信任朋友。

然而，徐志摩和陆小曼在明月清风间共享那华美的流光，早已经落入尘网，难以自拔。

再加上王赓对他们的放心，甚至为他们创造了很多相处的机会。

他们一起跳舞、一起讨论艺术、一起看书，还一起演戏。他们如此般配。

有一次，小曼邀请徐志摩来观看他们票友拍戏，演的正是《春香闹学》这一段，临时邀徐志摩上台来和她搭戏，小曼演春香，徐志摩帮她提老学究的词。

一来二去，小曼竟提议，这个老学究就让徐志摩来出演吧，吓得徐志摩急忙挥手示意不行。

但陆小曼执意要他参与这次义演，义演在上流社会是一种体面的活动，陆小曼经常会登台唱一段，如果这次徐志摩能参演，一定会吸引不少观众，陆小曼仿佛已经看到那受欢迎的场面，激动不已。

徐志摩看小曼似乎有撒娇的仪态，心中一动，便点点头，答应了。陆小曼就是这样任性得让人无法拒绝，乖巧得楚楚动人。

那段时间，几乎每天徐志摩和陆小曼都待在一起，对词、唱戏，四目对流，顾盼间满是绵绵的情意。那一场义演非常成功，楼上楼下坐满了来捧场的人，一部分人是冲着徐志摩来的，另一部分人是冲着陆小曼来的。

曲终人散，小曼拉住徐志摩催他赶紧卸妆，然后便拉住他顺着后门走了。徐志摩心下正是奇怪，问道："你的车不是在前面停着吗？"

"我们不坐车！"说话间便来到了后园子，原来小曼竟不知从哪里借来了脚踏车，要着性子要徐志摩载她回去。

夜风中，徐志摩载着陆小曼，穿过多少条街、多少个巷，仿佛这条路被无限延长，没有尽头一般，前面坐着这个风情直率的女子，自己梦中的女神，此时此刻离自己竟咫尺的距离，他多么想向她吐露自己的真情，多么想告诉她希望时间就此停留，希望美梦绵延无期。

然而若是梦，便有醒来的那一霎，若是曲，便有终了人散的时候，徐志摩下了车，希望最后一段距离可以陪着

小曼走走，这样或许能够将美好的时光延长些，再延长些。

“如果让你许一个愿望，你许什么？”小曼突然问道。

“下雪，你呢？”

“我想遇见一个卖糖炒栗子的。”小曼天真烂漫地望着他。

“你的愿望比较容易实现。”徐志摩苦笑，自己仍然活在诗篇之中，夜半无人，只有爱人在身边，莹莹落雪，飘落在她的额发上，该是多美好。

“糖炒栗子嘞！糖炒栗子！”可巧，两人走着走着，真的遇见了。“你看，我说你的愿望比较容易实现吧。”徐志摩温柔地看着满心欢喜的小曼，说着便去买了一纸袋的栗子，“给，正好暖暖手。”

小曼捧着那袋栗子，像捧着一束光，温暖着她的手，更照亮了她的心。

突然间，有些雪花飘然而至，徐志摩惊愕地抬起头看那浩瀚的天穹，如若这不是苍天的有意安排，怎么会这样了却他的情缘？徐志摩像个孩子一样看着小曼笑了。

天雪萧萧，似知君意。

一切情，不在言语，在心上。

一条路，两个人，就这样并着肩走着，雪花在空中飘飘洒洒，竟然不自觉地引着这二人来到了徐志摩的公寓来了，徐志摩生了火，红色的炉火映着小曼的脸庞，发上的红花映着那炉子中的红。心中有多少话想说，一时竟然只是四目相对。

徐志摩又何尝不想将心事向心中的爱人倾诉？她就坐在面前啊。但她已经是别人的妻子了，他又能奈何？不觉自怜自叹。

小曼见桌上正好有一坛子酒，便道：“这么冷的天，我们喝些酒吧。”

徐志摩拿过前些日子蹇先艾落在这里的那罐子酒，不声响地满上两杯。

“来！酒逢知己千杯少！”小曼举杯笑道，那神态落落大方又含情脉脉。

“难得这样一个下着雪的夜晚。”志摩像是痴了一样，呆呆地说，“有暖着手的炭火，还有暖着胃的酒。”

“还有暖着心的知己。”小曼说。

这一句话像是扎在徐志摩心上一般。还有暖着心的知己，她已经将自己视若知己了吗？为什么要将这样温暖的话来刺激他呢？她愿意陪伴他一起去触碰自己的一颗真心，去感受那些五味杂陈吗？

“幸福的时候，你觉得心里是麻的，浑身都痒丝丝的，可是你伸出手，怎么也搔不到那痒处。相思的时候，是酸，单抽这一根神经，像抽纱似的，它是跟呼吸联系在一起的，

你每呼吸一次，它就抽动一次，除非你不呼吸，可是你也办不到。再严重一些就觉得痛了，它是跟着心跳来的，有时候痛到仿佛全身的气力都作用到那一处，除非你命令心脏不再跳，但你也办不到！最了脱的莫过于心死了……”

两个人就这样促膝长谈，举杯畅饮，不知不觉的天就亮了。他们只是那样说说话，只是那样喝喝酒，时间还是轻悄悄地走了。小曼走了，留徐志摩一个人在屋中发呆。

那种说话隔着一层纱，看着她还要躲闪的心情痛苦至极，为什么命运让他们相遇，却偏偏相遇得这样迟？但毕竟是遇到了，他难道要仅仅因为这荒谬的时间、姻缘的捉弄、世俗的嘲讽便继续错过吗？

你是一味毒药

这几日，陆小曼同徐志摩因为义演的事情几乎天天形影不离，义演一结束，便似乎没了再见面的理由了。

昨夜深巷买来的糖炒栗子放在床前，取来一颗，纤指一划，轻轻一压，壳便剥开，栗子入口，绵而香浓，每一个细节都想象着他就在眼前。

陆小曼陷进去了，陷入了这场爱的漩涡，她无时无刻不想着再见他一眼，好似她身上所有沉睡的细胞都在一夜之间苏醒，爱的冲动蓄势待发，她没有办法忍受这个漫长的清晨，没有他的每一秒钟都像一条蛇，一口一口地啜着她的心。

她热烈而真诚地爱上了这个男人，她渴望马上见到他，渴望马上告诉他。可是她已经有丈夫了，她左右为难，像有人撕扯着她的心。但是她心不由已，身不由己。她从未坦露的“真”，全在徐志摩的面前展露了。

昨天那个漫长的夜，那个幸福的夜，那个纯净而美好的夜，她告诉徐志摩：从前，她只是为别人而活，从没有自己的生活，她的生活都是别人安排好的，是别人要的，不是她要的。王赓是父母看上的，是他们押的宝。

她生活在牢笼中，生活在铜墙铁壁中，生活在张开的大网中，几乎窒息得喘不上气来，可是没人理解她，也没有人理睬她的感受。只有在他面前，她才如此坦白。没有其他原因，只是因为爱了。

她告诉他：“我原是没有心的。”

徐志摩看着她：“没有心，怎么会懂得‘一点幽情动早’？心一直都在，只是你没有触到而已。”

小曼木然，痴痴地望着他，而后又急忙闪躲，这个男人一眼便将她望穿了。他的眼神像那穿石的水滴，晶莹剔透却单纯执着。

她想要马上见到他，一分钟也不能等。

思君令人老，轩车何来迟？

对那个人的思念好像碧绿的春水，一下子涨满了空荡荡的江，你说自己为自由、为爱而生，那你愿意为我而生吗？

波心荡漾，冷月无声，你就像是一味毒药，一瞬间沁透我的心。

思念你，每一个瞬间都被延长到无边的境地，心蜷缩在一起，害怕一个不经意，对你的思念就像潋滟的血喷涌而出。

北京的空气似乎也跟着湿润起来，一座塔、一座桥、一条路、一城池，琼花滚滚，漫卷红尘，激荡起了她心中澎湃的激情。

彼时，徐志摩正在北大的一间教室讲着英国诗人济慈的诗篇。

门悄然推开，走进一位妙龄女子，身着素雅的旗袍，一抹清幽的蓝带着兰花草的香味随风而来，一个墨绿色的发箍将一头乌发束起，青丝及肩，楚楚动人。徐志摩抬头望去，心不由地一惊，在那门口站着，阳光下的女子不是别人，正是昨晚为她失了心的陆小曼！

小曼落落大方地走进来，选了一个靠后的位置坐下，同学们都在窃窃私语，徐志摩也乱了方寸，此时又是在课堂，他多想走下去牵住她的手，问上一声，你怎么来了？或者，你把我的心带来了吗？

“先生！您的魂带了吗？”一个学生俏皮地大声问道。徐志摩才回过神来，连忙笑道：“很好，这说明刚才我的话，你们都听进去了。来，我们上课。”

徐志摩在讲台上时而亢奋，时而沉默，时而忧伤，时而欢乐，小曼也沉浸在济慈的诗篇中一同感受着那些激情。

课后，陆小曼说："如果早些年遇到你，大概就会认真读书了。"

"是吗？"徐志摩温柔地看着她，"那现在遇到我，迟了么？"话说出了口，才发现这正是困扰着两个有情人不能在一起的原因。迟了。不经意却还是说出了口，两个人都不说话了。沉默了一会儿，徐志摩提议，我带你去见我的两个朋友。

这是徐志摩第一次将陆小曼介绍给他的朋友——陈通伯和凌叔华。

然而陆小曼却因为这次聚会，脑海中又蒙上了新的愁云。看着北大毕业的才女凌叔华，席间和徐志摩、陈通伯三人侃侃而谈的是她听不懂的哲学和陌生的文学，她眼睛充满朝气和大家闺秀的端庄、灵动的气质让陆小曼感到卑微，而至今未嫁更是加重了小曼心中的痛。她将自己与他们隔阂起来，愈来愈感到那是两个世界的人错误地走到了一起，注定还是要分开的。

傍晚，徐志摩仿佛看出了陆小曼的心事，问她，她竟然哭了，哭得让人心碎，看着让人心疼。

陆小曼说："没心好好的，你为什么偏偏给我安上一颗心？"

眼前这个人的出现，使她重新拾起了爱，寻到了真，获得了真正的生命。可是她感到他有时很近，有时又很远，她畅游在上流社会，多少仰慕者拜倒在她的石榴裙下，为什么只有在他的面前才自卑难耐。

她梨花带雨，一步步走得如此艰难，徐志摩一把将她搂在怀中，动情地看着她，这个女人已经夺走了他的心，现在却来讲这种话来刺激他，他进也不是，退也不是。

陆小曼也伸出手去与他相拥，抬头看着他的眼睛，情不自禁地深深吻住了他。

漆黑的夜，像清凉的纱，安抚着两颗独孤的心，牵引着他们走到了一起。那一吻，胜过千言万语，那一瞬间，他们自由自在，只感受到彼此。

小曼喃喃地说："摩，真感谢你！认识了你，如同在黑暗里见到了一线光明，将死的人透了一口气，我的生命从此转了一个方向。你的真，使我惭愧死了；从此，我也要走上真的路途。摩，希望你能帮助我！"

两人从此坠入了爱河，无法自拔。这一对才子佳人，正如徐志摩的好友郁达夫说的那样："忠厚柔艳如小曼，热烈诚挚若志摩，偶合在一起，自然要发出火花，烧成一片了，哪里还顾得到纲常伦教，更哪里顾得到宗法家风？"

那无涯的历史中，

浩瀚的红尘里，

平添了一段新的情愁。

第四章　一段悠长的梦

雪花落在指尖

假如我是一朵雪花，
翩翩地在半空里潇洒，
我一定认清我的方向——
飞飏，飞飏，飞飏——
这地面上有我的方向。

不去那冷寞的幽谷，
不去那凄清的山麓，
也不上荒街去惆怅——
飞飏，飞飏，飞飏——

你看，我有我的方向！

在半空里娟娟地飞舞，
认明了那清幽的住处，
等着她来花园里探望——
飞飏，飞飏，飞飏——
啊，她身上有朱砂梅的清香！

那时我凭借我的身轻，
盈盈地，沾住了她的衣襟，
贴近她柔波似的心胸——
消溶，消溶，消溶——
溶入了她柔波似的心胸！

徐志摩一夜未眠，爱情撞击着他的心胸，他再也无法平静，他用长夜为她写诗，这一首《快乐的雪花》里面还染着她发间的玫瑰香。

他本来极度复杂的心情现在也释然了，小曼深情的吻给了徐志摩爱的勇气和奋斗的力量，他原本就不怕跟那些世俗对抗，只是他们之间的爱若隐若现，他不知道小曼的心是否和他波动着一样的涟漪。是否有和他一样为爱而生、为爱而死的决心。

现在他明白了，那个吻代表了这世上一切言无不尽的情意，他深爱的小曼也爱着他，他受着相思的煎熬也同样折磨着她，他们相爱却不能在一起，却因为两个人共同承担，而不再觉得孤单。

小曼从一个深渊将徐志摩拉起，而徐志摩为小曼带去的也是无尽的快乐和阳光。

他们彼此相爱，已经不可分离，徐志摩在日记中写道：

“我较深的思想一定得写成诗才能感动你，眉，有时我想，就只你一个人真的懂我的诗、爱我的诗，真的，我有时恨不得拿自己血管里的血写诗给你，叫你知道我爱你是怎样的深。

“眉，我的诗魂的滋养全得靠你，你得抱着我的诗魂像抱亲孩子似的，他冷了，你得给他穿，他饿了，你得喂他食——有你的爱，他就不愁饿、不愁冻，有你的爱，他就有命！

“眉，你得引我的思想往更高、更大、更美处走，假如有一天，我思想堕落或衰败时就是你的羞耻，记着了，眉！

“我即使小有才，决计不是天生的，我相信那是勉强来的，所以每回我写什么，多少总是难产，我唯一的靠傍是霎那间的灵通。我不能没有心的平安，眉，只有你能给我心的平安。在你完全的、甜蜜的、高贵的爱里，我享受无

上的心与灵的平安。”

徐志摩是诗人，他满怀柔情，诗词是他的四肢，精神是他的骨骼，爱是他的空气，他很轻灵，也很脆弱，小曼于他，便是那股供养他呼吸的空气，再也没有人能将她从他的生命中带走，因为那就像抽空他的空气一般，他也将幻化为一缕轻烟而随风而灭。

而小曼也在《爱眉小札·序》中写道：

“他知道我，他简直能真正地了解我，我也明白他，我也认识他是一个纯洁天真的人，他给我的那一片纯洁的爱，使我不能不还给他一个整个的、圆满的永没有给过别人的爱。”

姻缘若是天定，君为何姗姗来迟？

如今除了珍惜在一起的时光，还能做什么呢？他们有着相爱的情，却没有在一起的缘，小曼纯真的美折服了徐志摩的心，徐志摩的才情牵住了小曼的魂。他们不事掩饰，每一次短暂的分别都在两个人殷殷切切的期盼中再一次见面，他们一起去北京的每一个角落，留下他们的足印和幸福，就让这时光永远停留于此吧。

两个人陷入爱恋之中，正如那500年风流孽缘，此情未了，于今世又重逢，谁可以将他们再次分开呢？

然而快乐遮蔽了他们的双眼，蒙蔽了他们的双耳。

流言蜚语也像那空中飞舞的雪花一般飘飘洒洒在北平

的空中，一个是上流社会的淑女名媛，一个是才华横溢的诗人学者，一个是少年得志的青年才俊，三个家庭都是有头有脸的大户人家，这些背景更是为这茶余饭后的谈资加足了料。

那些传播和制造名人韵事的人或是愤怒、或是指责、或是声讨、或是批评，无论他们的表情如何，他们都在慷慨激昂地发表着自己的言论，满足着无聊的心理、刺激病态的唾液。人往往如此，在别人的故事里面，他们品头论足，十足地享受，可是自己的故事却不准他人跨越一步。

身在哈尔滨的王赓本是不相信那些流言的，他信任自己的妻子，信任同门的朋友，但是那些难听的话像夏天的蚊虫一样围绕着他，若一个人说也就罢了，当所有的人都在说的时候，就不由他不去怀疑了。

王赓搭火车赶了回来，这一路上，他是怎么样的心情？

他多么希望那只是谣言，多么想回到家中，看见小曼熟睡的脸庞，一切安好仿佛最初。

他的眼前又浮现出欢腾的那场婚礼，一点朱砂、一抹白纱，她像个翩翩的精灵停驻在他的身边，那欢腾热闹的锣鼓漫天，拂去她的珠帘盖头，水墨灵动一般的眼睛望着他，那一刻，他的心便融化了。

一个意气风发的将军，许多人以为他是不笑的，却不

知他只为伊人笑，那人牵走了万缕情丝，只那一眼，便不断不灭。

她常常像个孩子一样依偎在他的怀里，问他要这，问他要那，王赓以为只要凭着自己的努力拼搏，就可以满足她的一切，就可以永远将她留在身边，他以为爱她并不在这一时的相伴，因为幸福的蓝图早已刻画在他的心里，一切只需要时间。

但是他不明白有一种爱需要说出来，有一种人需要时时陪伴，有一种爱需要两个人共同参与，有一种婚姻需要最简单的浪漫。

带着一路的风尘和疲惫，王赓终于到了家，小曼没有在家，他突然间感到一切变得那样陌生，是啊，他有多久没有回来了？

他有些失意，有些黯然，突然间又想起什么似的，冲进卧室，开始翻找小曼的东西，他向来尊重小曼，未经她的允许他从未动过，可是现在他慌乱起来，他感到自己灼热的心在燃烧，他在找，可是他又不想找到，他仍抱着一丝残念，然而一沓被翻落的信件断了所有的念。

那厚厚的一沓信件正是徐志摩和陆小曼的绵绵情话，字字句句都化成把把尖刀扎在王赓的心头，那些诗篇越是温柔，刀子就越是锋利。

王赓驱车来到徐志摩的住处，准备和他谈一谈，哪知刚走到门口，手便僵在半空中，他听到屋里一个女人的声音："志摩，我简直没办法待下去了，我一闭上眼睛，满脑子都是你转呀，转，你的咒语真灵验，我心痛得快要没有办法呼吸了。"

雪花飘洒下来，落在他的指尖，这个声音他再熟悉不过了，正是陆小曼。

他缓缓地走回车里，冰凉的雪花融化在脖颈里，心比这雪还要冷，那些温暖而幸福的爱情仿佛还在昨天，但一转身，爱恨交缠，物是人非，也许有些幸福只有他一个人知道。

对于爱情，他不屑于像诗人那样风花雪月，而是选择更加务实地付出；他不张扬，而是选择安静；他不浪漫，而是选择平和，他小心翼翼地经营着他的爱，却不曾想过它竟如此脆弱，一触，便灰飞烟灭。

那爱只有王赓独自欣赏过。陆小曼如此幸运，偏偏爱他的男人都是用情至深，而她在追求自己真爱的时候，从没有回头看看，原来身后还有一双如此温柔的眼睛在一直看着她。

打火，车缓缓地、漫无目的地行驶在街旁。

徐志摩早先因为苦苦追恋林徽因而与妻子离婚的时候，王赓本就是不同意的，如今他又来追求自己妻子，徐志摩于他来说，既是同门，又是朋友，他一直都十分信任他为

磊落的君子，但两件事加一起却让他对徐志摩的印象大打折扣。

王赓也不是刻板之人，他也留洋西学过，对于爱情也有自己的追求，如果放手，会让小曼得到幸福，他会将痛苦留在心中，成全小曼，但是交给徐志摩，他不同意。

最起码，徐志摩单单北大教授一年的工资甚至满足不了小曼一个月的开销。西点军校的训练让王赓更加沉着冷静，他很快便从悲伤中振作起来。

他决定要做些什么了。

王赓连夜来到了岳父岳母家中说明此事，陆定听后十分生气又觉得羞愧，自己的女儿如今闹出这般丑事："太不像话了！明天我就派人过去，让她收拾东西搬回来住！"

从此以后，小曼被父母像看犯人一般地看管起来，她不得离开家门半步，王赓也心灰意冷地回哈尔滨去了。

走之前，他来到北大的图书馆见了徐志摩，给他留下了三句话：第一句："我非常感谢你替我照顾小曼。"第二句话："我一直很看重你这位才华横溢的朋友。"最后一句："北京圈子不大，大家以后还要见面，还要做人，我希望你能给自己、给我、给小曼留条退路。"

这就是他一贯的处世风格，面对婚姻的破裂、妻子的背叛，他如此冷静，他考虑的是他和小曼以及两个家庭的名声，他是一位谦谦君子，他用理性选择了坚持，选择了忍耐，选择了承担。

而徐志摩与王赓不同，他为爱而生，如若和自己心爱的人在一起要背负千古骂名，他不屑于做一名伪君子，当亘古的时间流逝、花开花落，千万轮回，那些纲常伦理不过是世人给自己的标榜，爱才是永恒的流长。

而今百年流水落花春去也，空悠悠如烟往事笑谈中，孰是孰非，仍无解。

爱的风暴

小曼被父母关在深闺中，不得外出，而徐志摩去过小曼家，又去了小曼婆家，却还是没有见到陆小曼，这让徐志摩十分着急和苦恼。

对于一直深陷在上一段感情中而无法自拔的徐志摩来说，陆小曼的出现就好像是一道明媚的阳光，温暖了他冰冷的心房。

然而，这幸福对他来说，来得太过突然，又太过短暂。他恨，恨那明明是一对爱人却活活变成了一对罪人一般被人囚禁。热烈的爱意被积聚在心，无处释放。他愤怒地写道：

《这是一个懦怯的世界》

这是一个懦怯的世界：
容不得恋爱，容不得恋爱！
披散你的满头发，
赤露你的一双脚；
跟着我来，我的恋爱，
抛弃这个世界，
殉我们的恋爱！

我拉着你的手，
爱，你跟着我走；
听凭荆棘把我们的脚心刺透，
听凭冰雹劈破我们的头，
你跟着我走，
我拉着你的手，
逃出了牢笼，
恢复我们的自由！

跟着我来，
我的恋爱，
人间已经掉落在我们的背后，——

看呀，这不是白茫茫的大海？
白茫茫的大海，
白茫茫的大海，
无边的自由，我与你恋爱！

顺着我的指头看，
那天边一小星的蓝——
那是一座岛，岛上有青草，
鲜花、美丽的走兽与飞鸟；
快上这轻快的小艇，
去到那理想的天庭——
恋爱，欢欣，自由——辞别了人间，永远！

这是一首泄愤的诗，其实也是一首情诗，任哪个女子能逃脱这诗中的情真意切？能逃离这炽热的感情？爱已经将她燃烧，这是怎么样的感染力和穿透力？一首小诗，俘获了她的心。

这是一种邀请，宁愿两个人共赴黄泉，也不愿意在这冷酷的世界上再度过一日，不得相见的每一天都是一种煎熬。

亲爱的，你愿意跟我一起死去吗？在天之涯、海之角、风之翼、云之端，我们永远厮守。

这样痴情和浪漫，这样的执迷和笃定，要有怎么样的铁石心肠才不动容、不落泪？

徐志摩的一生都在追求真爱和自由，他说："我有时真想拉你一同死去，我真的不沾恋这形式的生命，我只求一个同伴。"为了爱，他可以付出所有，赴汤蹈火，他宁愿用浮华的生生世世，也要换取哪怕是流星一样短暂的真爱。

他对于真爱无畏无惧，他燃烧起的熊熊爱火将陆小曼的心也一起点燃，他们惺惺相惜，已经再也分不开了。

不是没有人愿意与我们一同漂泊，不是没有人愿意和你白头到老，而是没有人愿意陪你漂泊一辈子。当徐志摩遇见陆小曼，当陆小曼遇见徐志摩，他们认定了彼此就是那个陪伴一生、漂泊一生、依靠一生的人。

至少此时此刻，他们坚定不移。

虽然他们爱得勇敢而坚决，但来自家庭和社会的压力还是容不得人视而不见。他们相识，却晚了一步。

在那个年代，一个正处于封建教条还根深蒂固的国度，统治人们思维的还是传统的纲常伦理。

他们一个是风华绝代的有夫之妇，一个是风流倜傥的多情诗人。他们的相爱一时成为新闻话题，北京、上海的一些报刊竞相刊载这场闹得满城风雨的三角恋爱，街头巷尾都是关于他们细枝末节的八卦新闻，大多数都是指责和

谩骂，这让他们的爱情步履维艰。

这场轰轰烈烈的婚外恋就算放到今天，也是很难被大众所接受的，又何况是当年那个闭塞的时代。

更多的矛头指向了陆小曼，她承受着比徐志摩更多的指责。徐志摩那个时候已经同张幼仪离婚，他有一个自由之身，再加上人们熟知他浪漫的诗人情怀，对这场艳遇和痴缠或许都能理解。

可是对于陆小曼，世人就苛刻得多了，一个女子，身为人妇，就应该从一而终。这种背叛像一个胎记，永远印在她的身上。可是，那些风流雅士都曾经那么倾慕她、追捧她，为了能和她亲近一些而费尽心机。

这些不相干的人姑且不理，徐志摩和陆小曼的亲人和朋友也都不支持，横加阻挡，这更在情理之中，一方面是为了保护，另一方面是为了维护。

保护他们两个人免受这场爱的风暴带来的伤害，维护家族的颜面和名望。

陆小曼的父母更是将她监禁起来，她的一举一动都在仆人的监视之下，这让她举步维艰。

火炉里的火让她想到了徐志摩眼神中、言语间和心中燃烧的那团热情，那些是她力量的源泉，两情好比真金坚，小曼心中只是无限地怨恨，她心寒生养自己的父母为什么也不理解她？她恨这个社会为什么要来管她陆小曼的事情？

她每天都承受着来自各方面的压力，不知道自己还能承受多久，夜幕又一次降临在小阁楼，夜色和她的眉头锁在一起。

荷贞进来添了些火，那火炉中的火再一次燃旺起来，像徐志摩来过一般，给她冰冷的心注入一点儿温暖，小曼一身之病，身娇体虚，而今又添了这般愁苦，不免病态生于两靥，泪光盈盈，娴静地端坐在窗前如姣花照水，任谁看了都心怜心痛。她在日记中写下了心中的不快：

"……十六那天本想去妹妹家的，谁知是三太太的生日，又是不能不去，在她家碰见了寄妈，被她取笑得我泪往里滚，摩！我害了你了，我是不怕，好在叫人家说惯了，骂我的人、冤枉我的人也不知有多少，我反正不与人争辩，不过我不愿意连你也为我受责骂，咳！我真恨，恨天也不怜我，你我已无缘，又何必使我们相见？且相见而又在这个时候，一无办法的时候？在这种情况下真用得着那句'恨不相逢未嫁时'的诗了。现在叫我进退两难，丢去你不忍心，接受你办不到，怎不叫人活活地恨死！难道这也是所谓的天数吗？"

"昨天才写完一封信，他来了，谈了半天。他倒是个很好的朋友，他说他那天在车站看见我的脸吓一跳，苍白得好像死去一般，他知道我那时的心一定难过到极点了。他

还说外边谣言极多，有人说我要离婚了，又有人说摩一定是不真爱我，……真可笑，外头人不知道为什么都跟我有缘似的，无论男女都爱将我当一个谈话的好材料，没什么可说也得想法造点儿出来说，真奇怪了。”

那些话只有写出来，心中才轻松一些，她恨不得自己是空中的一颗星，哪怕斗转星移，却有一刻是自由自在的就好。

她看着深冬里蒙蒙的月光，却不知道那个心中念念的男子也在仰望着白色的月光。

此时的徐志摩也身心疲惫，他也遭到了家人的反对，父亲徐申如先生一生传统，在他和夫人的心中仍然舍不下那早已经和徐志摩离婚的原配夫人张幼仪。

张幼仪身上的端庄、贤惠、孝敬、秀外慧中，一切优良的品德才符合他们心中对儿媳妇的传统期待，尽管张幼仪和徐志摩已经在伦敦签字离婚，但他们二老却不予认可，即使儿子与张幼仪离婚，陆小曼也不是他们心目中的儿媳妇，他们不愿意儿子娶回那样一个交际女子，更何况是有夫之妇。

徐申如言辞切切地写了一封又一封的信给徐志摩，反复劝导和表明自己和夫人的态度：“像你这样年纪，身边是该有个女人照料，但北京名门闺女有多少，你不找，偏找一个有夫之妇呢？！……”

爱，相知相许。

怎奈爱得如此艰难。

爱，舍弃生死。

怎奈爱得如此束缚。

爱，天长地久。

怎奈爱得如此虚幻。

两颗真心若在今生今世相遇，我们到底应当把握，还是因为身不由己而错过？若真的说过："生死契阔，与子成说。"就不会轻易退出。

两种性格，两种人生

小曼因为徐志摩的鼓励，曾同父母大闹过几场，父母看着小曼闹，痛斥她是被徐志摩那些花言巧语乱了心、迷了窍，小曼闹得越凶，他们越是生气，心里也是越心疼。

但为了家族的门面，为了维护传统的婚姻，也为了那中意的女婿王赓，他们不能原谅徐志摩，甚至不能原谅自己的女儿。

陆小曼的父母已经年迈，一向对小曼严加管教的母亲对女儿彻底地失望了，她冷了面、铁了心，外面的流言蜚语，哪一句不像刀子一样戳在她的心上？她心寒了，不懂女儿为什么如此执着，却不体谅作为父母的心情。

陆小曼的父亲陆定对小曼从来是疼爱有加，从小到大几乎是有求必应，这是他们唯一的孩子，他们小心翼翼地把小曼呵护长大，保护着她不受任何伤害，却怎么知道，再小心地呵护也无法逆转上天的安排，她的人生注定有此一劫。

陆定每天上班也要承受着同事和周围人的窃窃私语，他觉得颜面尽失。一辈子刚正不阿、义气凛然，老了，却还要承受这些议论和诽谤。

父母一次又一次地对小曼施压，他们要用一切手段阻止女儿和徐志摩来往，这是一切流言的源头。

在小曼和父母中间有一道看不见却深得可怕的鸿沟，那就是两个时代给予他们的印记。那些传统守旧的思想没办法突出社会的重围，理解小曼爱的宣言和徐志摩所谓灵魂的追求。

代代婚姻都是父母之命、媒妁之言，没有反抗，全部安于天命，没有感情的婚姻因为一种社会惯性，便可以顺其自然地在婚后慢慢培养感情，他们不温不火，男主外，女主内，本是门当户对，以后也必将其乐融融，两个人的棱角和个性会在这样的婚姻中慢慢磨平，因为要相融。

到了小曼这里，原本无味的婚姻也不过就是每日消沉，最多几日的抱怨，最后也会适应和磨炼到那种其乐融融的境况吧。但她偏偏不是，她的命中出现了那激活她力量的

真心，她遇见了徐志摩，那个带着巨大能量的爱的使者，他仿佛就是为了震惊这浑浊的灵魂而来到这世上，他呼唤着她，走近她、望着她，然后她便活了。

他鼓励小曼：“让这伟大的灵魂的结合毁灭一切的阻碍，创造一切的价值，往前走吧，再也不必迟疑！”

然而他的信只有几个字，而她每天面临的是父母不断地说教、亲朋看似苦口婆心的劝诱，这些也动摇不了小曼的决心，来自徐志摩的鼓励虽然坚定不移地支撑着她，但是往往面对年迈的父母，她的心又软了下来，她脆弱的神经已经再无法承受这火热的爱情了，她这样想着，拿起笔，写下了那让人肝肠寸断的绝情书，字字如千斤重：

“摩，还是莎士比亚说得对，女人不可能不是弱者。我又从幸福的攀登中跌了下来。前几天我好快活，我那精明、冷酷的娘看到了，就对我说，一天到晚只是去模仿外国小说里的行为，讲爱情、写情书，成什么体统！别忘了你是有夫之妇，就是未出阁的闺女，也不兴这样子轻浮……最难忍受的，还是他（指王赓）的那一招。他清楚地知道我们的一切，偏偏装聋作哑、旁敲侧击，用一种叫人吃不透的沉默和暗示来折磨我。他就是一尊用木头雕成的凶神，你根本无法知道他头脑中藏着什么深奥可怕的念头。我宁可他骂我、打我，暴跳如雷，这样就会激起我的怒气、勇气，豁出去，跟他斗、跟他拼命，在拼命中求得一条生路。

现在这样，我实在受不了了，陷进的是一个深渊，黑洞洞的，没有底的，连一点儿叫喊、一点儿挣扎的机会都不给你，只是无穷无尽地跌下去……摩，我们还是分手吧。离开我，你在任何地方、任何人身上都会找到幸福的，天下比我强的女子多得是，何必将你辉煌的生命与我可悲的命运拴在一起呢？我对不起你。

求你饶恕我。走开吧。

不幸的曼。

（这封信我几乎想撕掉了，但考虑再三，还是让王妈交给你。）”

那一日，是与小曼分开的第几个昼夜，徐志摩已经记不清楚了，他又来到小曼的住宅，心中抱着一丝希望，却不曾想到希望变成失望，失望凝结成绝望，他不记得是怎么踉跄着脚步回到石虎胡同七号松坡图书馆的居室中去的，只是觉得眼前是茫茫的黑，他昏沉地躺在床上，感觉身上所有的气力都被那一纸的字给吸走了似的，不能动一下，他的脑子中开始浮现出形形色色的影像。

开始是一条小溪，拦住了他和小曼的去路，徐志摩上前去揽小曼的腰肢：“我抱你过去。”

可小曼咯咯一笑，便灵活地转身，从徐志摩的怀中离去，衣衫上还残留着她的香，只见她后退两步，上前一跃，便轻轻地落在了溪水的那一端。徐志摩记得那是初夏的一

天，小曼与自己漫步在花草间，他还记得为她写了一首诗：

一闪光艳，你已纵过了水；
脚点地时那轻，一声的笑；
像柳丝，腰在俏丽地摇；
水波里满是鲤鳞的霞绮！

可是眼前的小曼却越来越远，自己怎么也越不过那条小溪，看着走远的小曼，偶尔回头看着他笑，阳光洒在她温柔的脸上。

徐志摩着急地一跃，却陷入小溪之中，那明明是一条小溪，却无比的深，徐志摩溺入水中，拼命地挣扎，水已经呛入了胸腔，他绝望地看着水面，这时王赓身着一身的戎装出现在岸边，徐志摩继续下沉，他又看到父亲冰冷的眼神，还有在一旁落泪的母亲，继续下沉，继续下沉……

那些人的脸虽然熟悉，但是神情陌生，曼！曼！徐志摩痛苦地呻吟，灼热的心烧得整个人都热起来，眼前的水草被漩涡狂扫，还带着戚戚的哭泣……

徐志摩不知道这样昏昏沉沉在床上躺了几天，无数可怕的幻想填补了他的脑子。

而此时的小曼也像上了发条的木偶，偶尔出门走走，偶尔在窗前坐一会儿，偶尔躺在床上，只是无论在哪里，或者干什么都是不带着心的。一对有情人，心若咫尺，身若天涯。这段时日，他们这样反复多少次，一时山盟海誓，不离不弃，又一时便又狠心断交，人各一方，一时回忆缠绵悱恻的往事，又一时便坠落痛苦的深渊。

这一日清晨，小曼陪同母亲去逛街，途中，她心生一计，骗过母亲，逃了出来，直奔徐志摩的住处，那是石虎胡同七号，她再也熟悉不过了的路，多少次出现在梦中，她满心地期待，她马上就可以见到她的摩了，可是松坡图书馆的居室里空荡荡的，想是出去了，她有些许失望。

小曼绕着这个屋子，看着每一样物件，那一个花瓶、一只毛笔、一件长衫都足以抚慰她的柔肠，更何况案头上端正的几行小字：

> 一双眼睛也在说话
> 眼光里漾起心泉的秘密……

那是徐志摩心中的她，像水莲花般的娇羞，像泉水般的清透。泪落，轻拭，叹息。

徐志摩到了夜间才回来，小曼已经熟睡在床，在他绝望的时候，她又出现了，仿佛是一道光，瞬间融化了他的心房，又带他回到了阳光下，他静静地看着，生怕是一场梦，被自己的莽撞惊醒了。

徐志摩缓缓地伸出手去轻触小曼的脸庞，小曼也抓住他的手，呢喃：“我说这回不是梦！”然后缓缓地睁开双眼，看见她朝思暮念的徐志摩，哽咽道：“这一回总算如愿了。”

日思夜想，才得一见，见了面，两人却又不知道说什么了，只是那样相视着，正是此时无声胜有声，多少情意，多少哀怨，多少思念，能用什么语言表达得清楚呢？

小曼看外面天色已晚，才想到早上是陪着母亲出来的，这会儿该回去了，便站起身来，纵有千般万般的不舍，她还是要走的。“一有机会我还会跑出来看你的！”

徐志摩上前拉住小曼，抱着她，那种分开后肝肠寸断的痛，他再也不想尝了，他也不知道自己还能不能经受一次那样的折磨。

“小曼，你离婚吧！”

小曼先是一惊，她没想到徐志摩会在这个时候提出这样的要求，她爱他，但是离婚在当时的中国来说，是不被人所接受的。

“你离婚是我们唯一的希望！我们说得再多，爱得再深，没有行动，一切都只是枉然。小曼，你愿意跟我一起奋斗么？你说你整个人都是我的，但不能只是精神上的，我要你整个人实实在在都是我的，我要你整个生命，你的每一分钟、每一个呼吸，我要你整个人都许给我，你的人、你的心、你的未来。”

这般情深眷注，就算是那沧桑的枯藤古树也要怦然心动，抽出几枝新芽来，更何况是早已经暗许芳心的小曼呢？

她顿时觉得自己漂泊的心有了依靠，热泪再也止不住地夺眶而出，她抱着徐志摩，她愿意。

西风吹散了梦

已是深夜时分，他们叩响了胡适家的门，既然心意已决，徐志摩再也等不及，他要寻找帮助，而这个救兵就是胡适，他一直称胡适为老大哥，他尊重他，也信任他，希望在这个时候能为他们指一条路。

徐志摩将两人的事和胡适毫无保留地说了，这位老大哥深深地叹了口气。这一声叹息为了他们二人，也为了自己。

他羡慕并且支持他们，但自己却不敢冲破旧时婚姻的束缚，同自己真心相爱的表妹白头偕老。执子之手，是一件多么远的梦。

当局者迷，旁观者清，徐志摩和陆小曼正在火热恋情中，他们是盲目的、不冷静的，因此他们需要胡适，而胡适也表达了自己的看法，他的建议在这个时候看来是恰当的，也是合理的，他说：

“你要离婚，如果单纯看是你和王赓的性情不合，这或许还能得到别人的同情，但徐志摩留在北京，他一定会成为众矢之的。他固然不在乎，但那会成为你们离婚的阻力。王赓是极爱面子的人，如果他坚持不肯离婚，你们的事情就难办了。如果徐志摩先离开一段日子，小曼能在这当中解决婚姻问题，那你们的事也许还能看到一丝光亮。”

这一席话，徐志摩听得明白，却很难赞同。

在这个时候，北京满城风雨，他一旦走了，所有的流言蜚语，小曼就要独自一人来承担，他怎么能忍心留她一人，而自己跑出去躲避风头？

但小曼是同意的。

每一条她都认为有道理，如果要跟王赓离婚，最大的阻碍其实还是父母，这一方面，别人是帮不了忙的，只能靠她自己，但徐志摩在身边，父母都要提防他，光是每天应付这些就已经快要虚脱了，哪还有力气去为离婚的事情再闹呢？

她早先已经听说身在意大利的印度诗人泰戈尔先生正在病中，他的助手恩厚之从南美来信，催徐志摩过去和泰

戈尔见上一面，她不希望因为自己的原因让徐志摩抱憾，她能感觉到徐志摩的痛苦和为难。

她对徐志摩说："虽然我舍不得你走，你不在，我说不定会被他们逼疯，我也会感到势单力薄，但我不会妨碍你的前途，你这次出去游历，和大诗人在一起，肯定会对你的才艺有极大的促进作用。再说，这样的环境，你在，可能更糟，他们会防得更紧，不如你先离开，让我与他们周旋斗争，也让时间考验一下我们的感情，看看能不能忘掉对方？"

小曼难得如此深明大义，这话，在刚刚尝到热恋甜头的时候，是经过怎样的思量才说出来的呢？胡适不禁也在心中暗自佩服。

他后来也劝导徐志摩说："志摩，你该了解自己，你并不是什么不可撼动的大天才。安乐恬嬉的生活是害人的，再像这样胡闹下去，要不了两年，你的笔尖上再也没有光芒，你的心再也没有新鲜的太欧东，那时你就完了。你还年轻，应该出去走走，重新在与大文学家、大艺术家的接触中汲取营养，让自己再增加一些作诗的灵感，让自己的精神和知识来一个'散拿吐谨'。"

在胡适的劝说下，更多的是在小曼的鼓励下，徐志摩决定独自赴欧。

徐志摩临走的前一天，王赓从哈尔滨回来设了一宴，酒宴上来了许多宾客，包括陆小曼和她的母亲。陆母的到来无疑是因为这段遭人非议的家丑终于因为徐志摩的离开而平息下来，家族的门面也似乎能够保住，所以同意女婿王赓出席，前来为徐志摩践行。其他便是新月社的朋友了。

王赓着一身戎装，同往日一样显出一副冷峻的面孔，心中也惴惴不安，徐志摩要走了，他本该高兴，可是他能感受到小曼眼里噙着的泪花，努力镇定却颤抖的心，他是她的丈夫，他又怎么能忽略她的痛？

这个男人的心底有着一座城，为小曼而筑。他心中纵是不忍，也要设这样的践行酒宴，就是要让这些朋友和徐志摩，尤其是陆小曼知道，他王赓才是陆小曼的丈夫。他在心里原谅了小曼，可是他却无法原谅徐志摩，他在心里的城等待迷失在丛林中的小曼回家。

王赓站起来，举着酒杯说："志摩，这杯我敬你，你明天就要走了，行李都准备好了么？"

徐志摩抬头看了一眼王赓，又看了一眼坐在他身旁的小曼，无奈地嗤笑了一声，他明白这已经是他们昔日的兄弟之间了无意义的客套寒暄，但他还是忍不住说道："想带的也带不走，行李嘛，也没什么好带的。"

"想带的也带不走"，一句话，在座的人都心照不宣，尤其是陆母和王赓脸上顿时露出尴尬的神情。

王赓心中有气，却不动声色，笑道："我听说张幼仪女士和你的小儿子也在德国吧？那么，你这次去欧洲也顺带探亲

了？来来来，干了这杯，祝你一路顺风！”说完便一饮而尽。

小曼的母亲也顺势说：“听说幼仪还是孤单单一个人在柏林吧？真是孤儿寡母啊，你这次去一定要多陪陪他们才是啊！”徐志摩的脸色难看极了，举起酒杯，一仰头，饮尽了那苦涩的酒，那酒烈得像要蒸干他的喉咙。

桌上的火锅冒着腾腾的热气，将他们相隔，可是徐志摩仍然能看到小曼眼中坚忍的泪光。小曼恨王赓，她觉得是他故意让徐志摩在朋友面前难堪，这是他和母亲两个人在为自己挽留面子而做的名堂。

小曼一杯接着一杯酒自顾地喝起来，她看着坐在对面的徐志摩，欲言又止，明眸始终流光四溢，那是无法掩饰的哀愁，她缓缓地站起来：“志摩，我为你唱一曲，给你践行！”

“甚西风吹梦无踪，
人去难逢，
须不是鬼跳神弄，
去眉峰，
别是一般疼痛……”

一曲还未完，小曼便已是两行泪流了下来，嘶哑的喉咙发不出声来了，四座惊起，王赓连忙站起来扶着小曼向众人解释道："她喝多了，喝多了。"

"不！我没醉，我只是心里难受……"

那句话一出，像一条蛇一般咬住徐志摩的心，所有的情绪像江海般翻涌在一处，他的爱、恨、愤却又奈何不了的焦急混作一团，他再也坐不住了，这场酒宴让这场离别更加痛苦，好似从这两个人身上活生生地撕下肉皮般的痛，他们不能相拥，不能话别，不能安慰，只能那样隔着桌子相望，望到那肝肠寸寸都断了。

小曼看到徐志摩先走一步，便骗王赓说自己有东西忘了给徐志摩，便追了出去，留下王赓一个人尴尬地在众人面前。酒宴散了，人散了，桌上的火锅还冒着徐徐的热气。

徐志摩一袭长衫，一个人潦倒在小巷中，眼前是无尽的黑。

"志摩！"小曼追上去，从后面拥住他的爱人。徐志摩转过身来，泪眼模糊地看着她。

两人紧紧地相拥在一起，"小曼，我们是爱人，我们不要变成罪人。等我回来，相信我，我们现在每一分钟的等待都是值得的！相信我！"

在那个夜晚，那个深巷的尽头，王赓也站在那里，静静地看着，月光衬着他苍白的脸，这一夜，每个人心中藏着恨，恨别人，别人也在恨自己，只有月亮是纯洁的，她仍然在这个时辰来相会熠熠群星，映射最柔和的光给人心。

第五章　孤独地绽放

列车向西驶去

问世间情为何物？直叫人生死相许。

爱情是什么？千万年来，多少红尘往事勾勒她的娇容？

有多少人口若悬河地说："两情若是久长时，又岂在朝朝暮暮。"然后物是人非，人去楼空；有多少人山盟海誓："执子之手，与子偕老。"然后转身离去，只因剪不断、理还乱的千万理由；有多少人爱得磐石无转移？有多少人只为伊人黄花瘦？世间的情事太多太多，可是谁又能说自己懂得了爱呢？

爱是那样的广远与深厚，她总是教我们包容大是大非、教我们付出真心、教我们读懂云淡风轻的禅意，可是我们

却始终无法真正了解她。她像一本世世传承的经文，用灵光普世，却始终无人能通读。

当你于几十轮回之中遇见那个对的人，心动那一刹，含苞千年的花陡然绽放。用一朵花开的时间付出一生的爱，便此生无憾，即便流水落花春去也，那零落的花瓣也映着如血的残阳，美丽得令人动容。

我们每天都在与人擦肩而过，或不见，或再见，都已注定，每个人都有注定的一段姻缘，只隐藏于苍茫的人海中，你若信，就用心感受，若不信，就会不经意地错过，那该是一件多么令人遗憾的事情。

陆小曼那样执着，只是因为她遇见了那个让她心动的人，那个灵魂早已经彼此吸引的人，那个生命中再也不能错过的人。

尽管这爱来得迟了一步，但与大部分的世人终其一生的时间也没有能够遇见相比，她又是多么幸运。她也是勇敢的，因为她懂得爱的道理，懂得天高地阔，时间流长，一切都会被历史的浪涛席卷，只有爱是永恒的。

那些闲言细语，那些重伤她的话即使像尖刀一样刺进她的胸口，她也不怕，因为在爱中，她便可以重生，可以愈合一切伤害。

陆小曼本来就是一个性格倔强的女子，她不像张幼仪那样爱得卑微，不像林徽因那样爱得束缚。

她就是她自己，她忠于内心，她为爱敢于向旧礼挑战，她无所顾忌悠悠身世何去何从，将那些顽固腐朽的言语冷笑置之。

但最后，她仍然伤痕累累，寻思起那些和徐志摩在一起的往事，翻看那些徐志摩寄来的每一句爱的箴言，她就又仿佛感到他就在眼前，她能触到那月白色长衫的柔软，能感受到徐志摩怀中的温度和唇上留下的一吻印记，便又拾起力量，再作抗争。

徐志摩临行前连夜写了一封长信，信中，是他对小曼的无限期待和鼓励，他希望小曼可以坚持、可以努力，不要辜负了彼此和这段感情。“我的孤注就押在你的身上了！若再失望，我的生机也该灭绝了。”句句都是深情的期盼和殷切的叮嘱。小曼心中千万个谨记，然诺重，君也勿忘。

与爱人分开的日子度日如年，小曼会用各种方式帮助自己消解那万缕千愁，她的生活由抗争与回忆组成，同身边父母朋友抗争，独自回忆与徐志摩的甜美时刻。

还记得，那日分别，前门车站，她只是远远地目送徐志摩上车。

在那么多的人中，她装作不在乎，装作坚定。

“一路顺风！”她生硬而干涩地说道。

有千言万语却没有办法哭诉，她只能看着他，望着他。

陆小曼强忍着眼泪，等到火车开启了，她的眼泪才潸

然如雨下，轰轰隆隆的火车鸣笛声吞噬了小曼喃喃的呼唤，天色苍茫，小曼的心也愁云不展，列车向西驶去，带着小曼的魂去追赶落日的余晖，徐志摩走了，他不知道小曼在那站台站了多久，只是呆呆地望着车消失的方向。

她觉得那日，她的脚如千斤重，是谁搀扶了她？是谁拉走了她？她什么都不记得，脑袋中除了那一袭月白色的长衫，就是那金丝框的眼镜；除了那满含深情的明眸，就是那宽阔温暖的心胸……

徐志摩走后，陆小曼才真正体会离别的痛苦，原本以为已经做好了准备，但真正的分别开始时，她还是这样难以承受。

徐志摩已经成为了她的精神支柱，这一走，将她的魂魄也一并带走了。

她空空落落地坐在房间里，看着徐志摩给他留下的书信和信物，一遍遍地摩挲，却再也不敢拆开其中的任何一个。她怕思念的闸门一旦被打开，那些愁苦就会像洪水一样将她击垮。

她想起徐志摩临走前告诉她写日记的那番话，不由得心头一动，疾步走到书桌前，提起笔来，准备将这断离愁化作文字，留在纸上，寄托情思。

她在日记中写到车站的那一幕：“我低头不敢向他看，也不敢向别人看，一直到车开，我还看见他站在车头上向我们送手吻（我知道一定是给我一个人的）。我直着眼看，只见他的人影一点一点糊涂起来，我眼前好像有一层东西隔着，慢慢地连人影都不见了，心里也说不出是什么味儿，好像一点儿知觉都没有了似的……”

徐志摩曾经和她说，让她把每天的心情都写成日记寄给他。用这样的方法来激励陆小曼写作，从 1925 年 3 月 11 日开始，也就是徐志摩离开的第二天，一直到 7 月 11 日，徐志摩回国前夕，小曼没有辜负他，她坚持写日记，认认真真地履行了诺言，一共写了 20 篇日记。

每一篇都是真情蜜意的欢唱，有痛苦、有孤独、有绝望、有思念，也有甜蜜的忧伤，后来加以编排，这就是著名的《小曼日记》。后来与徐志摩在这段时间的日记一起合为《爱眉小札》。

事实上，爱人应当带给你正面的力量，两个坠入爱河的人应当共同向往更加积极和阳光的新天地。这也是徐志摩对自己爱情的期待，也是他的老师梁启超对他的期待。

陆小曼与王赓婚后的几年里，王赓都没有关心过她的精神生活，王赓爱小曼，但他太不解风情，他每天奔波在外，想的是怎样满足她的物质生活。恰恰是这种供养式的宠爱，让陆小曼越来越陷入奢侈糜烂的社交中不可自拔。

婚姻的压抑让她在外强颜欢笑，用酒精麻醉自己的神

经，用跳舞来麻痹自己的身体，用唱戏来满足众星捧月的虚荣。这样的环境让她养成了很多不好的习惯，比如惰性、比如骄奢……

徐志摩尽管爱得忘乎所以，但他是看得到这些的，他希望能用爱来慢慢改变她。这次离开，他非常担忧的就是无人督促小曼，害怕她再回到从前那种快活逍遥的日子中弥散了对新生活的信心，在其他的消遣中找到新的寄托，失去斗争的意志，所以他不断地鼓励她写日记，希望他们保持心灵的相通。

小曼还在第一篇日记里面写下了她写日记的原因：

> （这本日记）不记气候，不写每日身体的动作，我只把我每天的内心感受，不敢向人说的、不能对人讲的，借着一支笔和几张纸来留一点痕迹。不过想了许久，老没有实行，一直到昨天，摩叫我当信一样地写，将我心里所想的，不要遗漏一字地都写了上去，我才决心如此地做了，等摩回来时，再给他当信看。这一下我倒有了生路了，本来我心里的痛苦同愁闷一向逼闷在心里的，有时候真逼得难受，又没有地方去说；以后可好了，我真感谢你，借你的力量，我可以一泻我的怨恨，松一松我的胸襟了。

之所以喜欢陆小曼，就是因为她这份难得的真，从字里行间，你能感受那真挚的感情么？你能感受到思念、爱恨和快乐吗？她像一朵美丽的奇异之花，绽放着独特的芬芳。

跌入没底的深海

窗外一帘烟雨，心中升起绵绵情愫，这些日子，陆小曼常常一个人坐在窗前发呆，她望着那个路口，望着这条街道，望着三三两两的行人，不知不觉又是泪眼盈盈。

徐志摩走时，心中期盼着小曼的胜利，期盼着她离婚成功，期盼着他们的未来，可是，陆小曼的处境更加糟糕，她忍受着同徐志摩一样的思念之情，梦着与徐志摩相同的重逢倩影，却还要承受着徐志摩无法想象的来自王赓、来自父母、来自舆论的压力。

在此时，这些陈旧老朽的旧思想占据主导，人们把名誉看得比生命还重要，一段如此肝肠寸断的爱情可以感动风月，感动河川，感动天地，却感动不了世人，没有人同情他们。

但当陆小曼收到徐志摩寄来的那一封封充满爱意和思念的快信时，她顿时会充满力量和希望，为了爱，无论前面有波涛还是暗涌，陆小曼都暗暗下定决心要坚持到底，并且在徐志摩温柔而热切的词语中，她仿佛能看到美好的生活马上就要来临。可是小曼终日面对的亲戚和朋友又都来劝阻她，要她现实一些，和王赓重修旧好。

小曼心中想，这些人怎么就是不明白，爱情不是两个人硬被推到一起生活就有的，爱情是一种感觉，是一种姻缘，是一种注定好的命理。

然而明白又如何？在这条爱情的路上，陆小曼更多的是身不由已，相爱又能怎么样？那些山盟海誓，那些春意阑珊，那些海角天涯，此时此刻都变成了折磨她的利器，她争取过，但现实回应给她的是冷冷的绝望。

在与徐志摩的信中，她曾写道："摩，为你，我还是拼命干一下的好，我要往前走，不管前面有几多的荆棘，我一定直着脖子走，不到力尽我是绝不回头的，因为你是真正地认识我，你不但认识我表面，你还认清了我的内心，我本来老是自恨为什么没有人认识我？为什么人家全拿我当一个只会玩、只会穿的女子……只有你，摩！第一个人

从一切的假言假笑中看透我的真心，认识我的苦痛，叫我怎能不从此收起以往的假而真正地给你一片真呢！我自从认识了你，我就有改变生活的决心，为你，我一定认真地做人了。”

但是，现在的陆小曼又十分后悔让徐志摩离开自己，她空前的孤单感胁迫她夜夜难眠，她想，若是志摩在，她会不会感到一点儿心安？会的，一定会的，这个男人有一种力量让她忘记这些世俗，但他一离开，那些世俗便如夜晚来临时黑暗慢慢袭来的感觉，让陆小曼陷入难以名状的恐惧中，她只能日日夜夜地盼望，摩，你快点儿回来。

可是天茫茫，地茫茫，除了深夜寒气袭来，空空如也。

慢慢地，陆小曼便开始招架不住了，她开始感觉自己的势单力薄，开始觉得疲惫不堪。

陆小曼的丈夫王赓又升官了，并且提出要她一起搬到上海的要求，王赓是善良的，他心里也承受着别人无法想象的痛楚，只是他不是女人，不能像陆小曼那样找人述说，他不是徐志摩，不能像个诗人一样将心中的痛苦一吐为快。

他宁愿选择一个人默默承受，他单纯地以为只要自己不放弃这个女人，她一定会忘记那些不愉快，然后回到他的身边。然而他错了，这个想一力承担的传统男人并不知道，命运将佳人许配给他，却带走了他身上可以留住她的所有浪漫气息。

孤独而挣扎的陆小曼只能将自己的想法同那些日记本交流，她今天说我忘不了你，明天说我准备退出；今天勇敢，明天又害怕极了，窗外下起雨来，那些雨点滴答清晰，可是小曼的心却凌乱不堪。

有一天，陆小曼的母亲收到了来自徐志摩的一封信，信中言辞恳切，希望他们能为了女儿的幸福给他们一条出路。

陆母听后非常生气，将信狠狠地摔在陆小曼的面前，不但没有丝毫同情，反而指责徐志摩在教训他们。

母亲走后，小曼读罢那封信，又是梨花带雨，泣不成声，心中苦闷难以释怀，万般委屈揪绕心胸，她拿起笔，从抽屉中抽出两张纸来，一边拭泪，一边给徐志摩写信。

她写道："你为我太苦了，摩！你以为你婉转地劝道一定能打动她的心，多少给我们一条路走走，哪知道你明珠似的话好似跌入了没底的深海，一点儿光辉都不让你发，你可怜的求告又何尝打得动她磐石一般硬的心呢！一切不是都白费了么？到这种情况之下，你叫我不想死，还去想什么呢！不死也要疯了，我再不能挣扎下去了。"

字迹在眼泪中像花瓣一样盛开，绽放着她的心事。

小曼是勇敢的，她甚至用自己的生命在争取这场不被世俗容纳的爱情。

但她只是一个弱小的女子，社会上的世俗是铜墙铁壁，人们的轻蔑不屑、冷嘲热讽是刀剑寒针，将这个女子的心正一点一点地撕扯，那种痛苦让她如何忍受？

苦命的姻缘

每个人的心中都有一种寄托，有人称之为信仰。

它不一定是宗教，可以是一个人、是一件事、是一个梦、是一个风景，但我们要相信，相信是美的，不然，人生还有什么值得品味的呢？我们还依靠什么继续前行呢？路旁的景色再撩人，跟自己又有何相干呢？

而陆小曼选择将自己沉浸在那爱之中，宁愿做那一株红尘中摇曳的红牡丹，用一世的年华，只求换取他从面前而过，然后为他绽放最炫彩的一瞬。而今，仿如梦醒，心中的牵挂在遥远的天涯，生生的思念，两厢无奈。

又是四月天，北方的春天拖着长长的尾巴，好像这俗

人一般竟不愿离去，小曼决定去西山顶上的大觉寺休养身心，暂时将烦恼抛却，她娇弱的身体怎么能每天承受得起那么多人的责备和诋毁？

况且最近不称心的事接踵而来，那日在一个宴席上，又听说徐志摩的小儿子死了，虽然她并没有见过那可爱的孩子，但那是徐志摩的骨肉，她能感到徐志摩正经历着怎样的丧子之痛，她已经没办法再承受任何不幸了，她的精神已经走到了悬崖边缘。

最近她的心跳总是阵阵加快，还经常发烧，她支撑得很累、很辛苦，不得不暂且先放下忿忿不平的恨，放下情意缠绵的爱，放下这世上的纷扰。

她要回归内心的清净，来这大觉寺听听高僧的禅语、看看春天的生气、闻闻百花的芬芳，再采一段清幽的时光换掉她心中那些污浊的尘嚣。

那日清晨，耳边传来大觉寺悠悠的钟声，小曼梳洗干净，简单将乌发挽成一髻，脱去往日那些香胭凝脂，今日像一朵出水的白莲，不染淤泥，不近尘世，她也有这样安静的一面，一动一静，难怪那么多的文人墨客、富商绅士都拜倒在她的石榴裙下。

她沿着一条古旧的青石小巷漫步而行，所有人都是过客，匆匆而来，沾一身难了情，最后谁又能逃出生命的终点？爱都撒手在风中。

小曼的心也得到了长久以来难得的平静，她被那迤逦的景色吸引，她一直以来紧张的神经也慢慢地放松下来，心开始舒展，自由地享受这份难得的美景和超然的心境。她甚至在自然美景的怀抱中，将徐志摩也忘记在风里了。

在大觉寺的这两周里，她每天都会和一群人赏花、赏景、休养身心。两周的时间虽然短暂，但是这是在徐志摩走后，她心情难得相对轻松的两个礼拜。

山上是雪白的花海，如此洁白，它们从不理会世俗的纷杂，从不烦恼离别，小曼看着那些花，完全沉醉了，她甚至希望徐志摩能同她一起来分享这难得的好心情："你看那一片雪白的花，白得一尘不染，哪有半点儿人间的污气？"

起初见那漫山遍野的白，小曼还以为是雪，山石树木全被覆盖，可身上还是夹衣，微风中带着入夏的暖气，怎么眼前却是不化的雪呢？原来那是杏花儿。是杏花儿，小曼自顾地笑了。

当夜幕从天穹中降临的时候，小曼的心情也会随着天黑而消沉，白天的烂漫春光、鸟语花香、欢声笑语，和夜晚一个人沉寂的房间形成鲜明的对比。是啊，心中的忧伤一直都在，只是在无人的夜，它们才显现出来。这座城，人们安静地睡去，只有她一个人独倚窗前，无尽的思念还在蔓延，纠缠着她的心痛得难耐。她仿佛又听见了那活泼

的笑声，看见了那熟悉的身影："曼，我来了！"她仿佛感觉到那个人用两只大手紧紧地抓住了她，又感觉到他偷偷地偎在她的颊便抢了一个吻过去，可是不觉一怔，眼前又什么都没有，只有那黑夜包裹的杏林。她低头看了看，不知什么时候，自己的右手紧紧地抓着左手，衣袖上还沾着几朵花瓣。

一往情深，深几许？思念是一种痛，但那是爱的代价。大觉寺像一盏温柔的灯，发着幽幽的光，引着小曼找回自己的心，皈依最清净的心田。大觉寺花开漫野，纵然洁白如画，纵然皎皎如心，纵然绚烂之极，也只是一时的安逸和世外桃源，陆小曼怎能自欺欺人？她终是还要回到那令人烦恼的尘世中去。

在这尘世中，陆小曼又变成了那个羸弱的女子，即便她对爱还有执着，但她的力量难以对抗，很快，她又在那上流社会的生活圈子中放逐自己，她要去人多的地方，那里歌舞欢畅的热闹才能让她暂时忘记烦恼，她害怕人多的地方，那里的闲言碎语、窃窃私语都让她身心憔悴。但为了避开家人、亲友整日的唠叨，她宁愿充耳不闻、装傻犯浑，躲在最喧闹中，在舞步中神迷，在酒精中麻痹，在麻将桌上忘记，在戏院中移情。

王赓有时回来，有时离开，她早已不再关心，不闻不问，可是最近这几日，家中经常出入一些军政界的人物，刚开始只是以为是一些普通的同事，可是这些人来得越来越频繁，好像她的家变成了一个会议根据地般，以前王赓很少带外人来家中，很明显他们在策划着什么，而小曼敏锐的神经也感到那隐约跟自己有关。

原来，王赓这次回来是动了去上海发展的心思，东北的局势混乱，形势所逼，王赓也考虑到小曼和徐志摩的关系，终于决定搬迁到上海去，也许小曼离开这个是非之地，慢慢地就会忘记徐志摩，夫妻一场，怎能说放弃就放弃呢？

很快，孙传芳任命王赓为五省联军参谋长，他从哈尔滨警察厅厅长高升到参谋长，对于小曼父母来说是天大的喜事，这几日，家中喜气洋洋的，小曼的母亲脸上挂着笑，见谁都一副心满意足的样子，有这样体面的女婿，还有什么可求的呢？

越是欢庆，越有人孤独落寞，小曼身体一天比一天差，吃饭也越来越少，眼看着人又瘦了一圈，她突然找不到自己的根，看不到未来的路，父母和王赓站在一起，家里是冷冰冰的四壁，她感到没有依靠。

每当这个时候，她对徐志摩的思念就越来越深，已经好多天没有收到他的信了，难道外面的传言是真的？有从法国回来的人说亲眼看到她的摩和一个女人在巴黎同居，一个人静下来的时候，就开始胡思乱想了。她想着出去跳

舞，家里安静得让她感到窒息。

下楼的时候，她看到桌子上放了一沓信，走过去一看，那些都是徐志摩邮给她的信呐！她欣喜若狂，泪水一高兴就流了下来。信还没来得及拆，远远地，小曼听见了马靴声，心下不由得紧张起来，急忙将信放好，装作在做其他的事情，马靴踏在石阶上，这是王赓的声音，一向如此的坚定有力。

王赓推门进来，看见小曼坐在沙发上看报纸，又扫了一眼桌子，“信收到了么？”

小曼不由得一惊。

“前些日子你不在家，没有人收那些信，邮局昨天来的单子，今天早上我派人领回来的。”

王赓交给小曼的这些信是徐志摩写的，他不会不知道，然而他没有生气也没有藏匿那些信，这让小曼心中又惊又喜，又不知该怎么面对他。

王赓看小曼没说什么，就问她：“你身体好些了么？不要一回来就出去玩，应该多养两天的。”句句透着温情，却是一种直白的方式。他有的时候羡慕徐志摩，他不知道徐志摩如何让这个女人为他哭、为他笑，好似整个心都放在他的身上。可是他有自己的尊严，有自己表达爱的方式，面对小曼的无动于衷，他只能选择坚持与耐心。

他说：“我明天就去上海，先把那边的家安顿好，等你来。”说完，上楼去了。

缘分的事情往往难以说清楚，在爱情的世界里的天秤永远没有平衡，王赓为了小曼付出多少，旁观者清，当局者迷。

如果小曼没有遇见徐志摩，她会不会和王赓携白头之好？

如果小曼没有遇见徐志摩，她会不会渐渐地爱上这个春风得意的少年一如初见？

也许不会，因为他们本就缘浅；也许会，因为他的情也浓得让人醉，只是小曼还没有来得及去品味。

但没有如果，这段苦命的姻缘早已注定，是命，是劫，是喜，是忧，谁也逃不过，观者观之，可叹，可惋。

第六章　一场花事终须了

花开花落情事了

小曼的身体每况愈下，但她心中念念不忘的只有一件事，那就是徐志摩临行前，千叮咛、万嘱咐的那句话：离婚，是他们幸福的唯一希望。

一次家宴中，王赓在上海安排好一切也回来了，母亲又谈起举家南下的事情，她说小曼应收拾收拾及早地搬过去。小曼心想母亲怎么如此不理解她，她不想去，难道她竟不知道么？

她越想越伤心，最后便和家人争吵起来，像一剂弹药一样，所有的人：丈夫、母亲、母舅、寄妈……那些面孔倒不像是亲人，像极了狰狞的魔鬼，有着獠牙、青面，向

着她、围着她，小曼再也忍不下去了，哭喊着站了起来："你们不要再逼我了！"声音还未落，人就已经瘫在地板上了。

再次醒来的时候，小曼已经躺在自己的床上了，她的胸口还是一揺一揺地疼，急促地喘着气，浑身灼热地发着烧，脸颊红似一团晚霞。

房间里坐满了人，他们神色慌张地或聊着天，或注视着床上躺着的小曼。大概到了三点多钟的时候，医生也赶来了，他坐在床边拉着小曼的手数脉跳的次数，房间安静极了，每个人都紧张得大气也不敢喘。小曼看大家紧张的神情，知道自己大概病得不轻，因为即使现在醒来，心还是要从喉咙钻出来似得疼。

她环顾四周，发现胡适先生也来了，虽然这些人都是她的亲人，但看到胡适先生的时候，仿佛觉得他才是自己的亲人一般。胡适也安慰她，让她不要胡思乱想。

渐渐地人散了，小曼的父母也出去和医生说话去了，胡适这时候凑过来轻声地问她：

"小曼，要不要发个电报，叫志摩回来？"

"我是不是要死了？"小曼听胡适要让徐志摩回来，想是自己确实已经非常凶险了，叫徐志摩回来见她最后一面么？

"不，不是。"胡适一听这话，心中也十分难过，连忙安慰道，“不，不是的，你别想那么多，病是不要紧的，我只是怕你想念志摩，所以问你一声，还是打个电报让他回来吧！”

一提到徐志摩，小曼的心又狠命地抽动了一下，她如何不想马上见到志摩？在这最需要他的时候，如果志摩能在身边，哪怕是看看他，这病也就能立刻好了吧？可是她不能说，她不想成为牵绊志摩的拖累，她更愿意一个人坚强地面对病痛，也不愿意让他担心、着急、难过。小曼强忍着眼泪摇摇头。

胡适心里明白小曼的顾虑，不再多说，离开以后，就去给徐志摩发了一个电报，告诉他小曼病了，并希望他速速回来。

三天以后，徐志摩回复电报，小曼才知道胡适瞒了她给身在佛罗伦萨的徐志摩发了电报。起初，小曼也十分害怕，并开始胡思乱想，担心自己的生命随时可能停止，若临死前也不能见一眼志摩，她该是多么的遗憾。但自从那日昏迷，心跳过速的她被送进了协和医院，打血管针、照X光，用了种种办法，终于将她的心平息下来。这几日，她觉得病情缓和下来了，便去求胡适再发一封电报，安志摩的心，不要他回来。

她自己一个人的时候，就想着拿起笔来给徐志摩写信，或者写日记，可是现在她连提笔的力气都没有了，只有躺

在床上干喘的份儿，她浑身发软，有的时候坐一会儿都累。她心里乱极了，时刻惦念着远在异国他乡的徐志摩，那床被子盖着她的身体，压着她的灵魂，不然只怕她是已经飞到欧洲去了。

医生警告她："如果再不将心放开，再不镇静下来，仍然胡思乱想，那么心脏病还会发作，那样命就难保了！"

命，于现在的她来说，只是一种折磨，但她在这世界上还不是形单影只，她还有一个深爱的人，尽管远在天边，若是死了，哪怕连见一面的可能性都没有了，所以她被医生的这番话劝住了，她愿意暂时放下一切，静静地休养。

她住在一间非常清幽的病房里，窗外的大部分时间都是晴朗的，偶尔有几只小鸟还会探进来叽叽喳喳地叫两声。

胡适和张彭春等好友几乎天天来看小曼，陪她聊天，并开导她，胡适这一行朋友看在眼里，也痛在心中。

平心而论，在徐志摩离开的这段时间里，陆小曼的压力要远远大于徐志摩所承受的，他们固然都受到各自家庭和社会的指责，但毕竟徐志摩在法律上是单身，他是自由的，有权利选择自己的爱，他孑然一身，了无牵挂，如今，他又身在欧洲，这些社会上的舆论他充耳不闻，也影响不到他。

而小曼只身在北京，那些舆论压得她喘不过气来，更何况她又是有夫之妇，追求爱情的权利早已经被道德意义上的婚姻剥夺了，婚姻不仅是爱情的归宿，更是一种责任的制约。由古，是道德的制约，至今，是法律的制约，古今中外，无论世事如何变迁，文明开化到何种程度，婚姻的传统也不会轻易动摇，即便是在今天也是如此，更不要说在当时那个封建保守的旧时社会。

小曼用柔弱的肩膀能抗住千斤重担吗？自小听的都是恭维奉承的双耳能承受那些诋毁吗？平常女子尚且不可，何况她体弱多病、病骨支离、弱不禁风的可怜身。

二十多天过去了，小曼的身体渐渐好起来，一天清晨，小曼还没起来，便被家中的仆人跑来传话吵醒，让小曼回去。她心中也正纳闷，一进门，却看见屋里坐满了人，除了父母外，母舅、寄妈等很多亲戚也都聚齐了，他们表情凝重，好像在商讨什么大事一样。

小曼心中一沉，不知道发生了什么，这时母亲拿给她一封信，说你看看吧，这信上写了什么。

小曼的心扑通扑通地跳，脸开始发烫，心中想，一定是志摩的信被父母看到了，不知道志摩写了什么，带来这么严重的后果。

她连忙打开信，匆忙看了一遍，才知道是王赓写来的，他在信中口气十分严厉、笔锋尖锐，就像是长官在下达命令一般，他要求小曼立刻到南方去。

小曼一边看信，一边心想着如何应对，四周全都是亲

友，就好像四面楚歌一样，但小曼不愿意就这样屈服，一路走到今日，她所承受的、所坚持的不会这样轻易让步。

“我当是什么了不起的大事，原来不过这么点儿小事。”小曼丢下信，冷冷地看着四周说道，“我愿意去便去，不愿意去就不去，难道能把我抢去不成？”

陆母一听这话变了脸色，厉声喝道：“哪有这样容易，嫁鸡随鸡，嫁狗随狗，这是古话！不去算什么？”

小曼心中又是着急，又是气，但她压下了这股火，心中盘算着，如果现在就给志摩拍电报，立刻动身回来，需要不到20天的时间就能赶回北京，现在只要能跟他们再敷衍一下，拖到志摩回来，她就有了依靠，就可以和志摩一起来对抗了。所以她用了缓兵之计，慢慢讲道：“去，还是不去，可以从长计议，用不着这么大惊小怪、兴师动众的。”小曼说话时漫不经心，看看周围的人，心中都是恨。

可怜她想的，被陆母一眼就识破了：

“不行，不能再等，马上就走，现在就回去收拾去，这个星期就动身，我陪你一起去！”

这句话好似王赓在信中的语气一样，是命令，是不可违背的军令。她顿时感到一股热血充满全身，胸口又开始猛跳，为什么王赓的一句话，你们所有的人都像是领了圣旨一般！她站也站不稳了，头一重便不省人事。

不知过了多久，小曼醒过来，躺在床上，满眼的眼泪，满心的委屈，又是多么无助，一屋子的人见小曼这次只是小发作，纷纷松了一口气，也不敢再逼迫她了，看她哭得多可怜，也都默默地走了。

那一夜，小曼辗转反侧，彻夜难眠，她思念志摩，也想着如何才能说服母亲，正像胡适早就已经明示过她的那样，在离婚这件事情当中，小曼的母亲才是最大的障碍，只有说服了小曼的母亲，这件事才有成功的希望。

而此事不能靠别人，只能靠小曼自己。

可是，母亲就像是中了王赓的蛊毒一般，但她还是下定了决心，决定再去找父母争取一番，这一次，不达目的誓不罢休，决心用生命来殉葬自己的爱情。她心中始终觉得父母是爱自己的，虽然他们不同意，虽然他们不理解她，但是因为爱，他们一定会成全自己，难道看着她这样的痛苦，命都快没了，他们不心疼么？

小曼心中还是抱着无限的希望，她必须要不断地给自己希望，不然她早就在绝望中放弃了。

“爹、娘，南方我是不会去的，如果你们硬是要我去，我会被逼死的！”

父母一听，心真是冷到了极点，陆母控制不住情绪，马上哭喊起来：“好！要死大家一起死！”

看着年迈的母亲老泪纵横，伤心欲绝，小曼的心好像刀割一样难受，她心中痛骂自己不孝，但也感到十分无力。

本来小曼就是一个极孝顺的孩子，自小父母也是百般地爱护，视若掌上明珠一般捧在手中。

但陆小曼也只不过是那爱的名义下的一个傀儡。从前她根本不懂什么是爱情，她的生活都是父母安排好的，她不知道自己真正想要的生活是什么样子，是徐志摩的出现，将她的爱激活。

但是没有人能够理解她、支持她，都只是埋怨和不解。

徐志摩是她唯一的知己，她向他敞开心扉，诉说她的悲伤、哀怨、绝望，她的希望、期盼和憧憬。

爱将小曼刚烈的性子燃烧了起来，她的心被徐志摩的爱填得满满的，没有空间去感受别人的爱，甚至忽视了父母。

也难怪，现在见面的话题除了谈论离婚就是品评徐志摩，而这两件事，他们都有着截然不同的观点，不由得他们不吵不闹。

那天将“死”这个字眼说出来的时候，陆定夫妇和小曼都哭了，哭得那么伤心，这是第一次，他们心平气和地坐在一起就这件事情谈判，从上午一直到傍晚，泪水湿透了几条手帕。

小曼这才感到父母的爱是那么浓，那么的坚持，但是这封建的思想是多么的根深蒂固，她的爱，他们不理解，但是她不能就这样抛弃他们，她能怎么办呢？在他们眼中，离婚是家庭中最羞耻的事情，儿女若是做了这样的事情，他们甚至会在后半辈子里始终没有办法抬头做人。小曼终于让步了，她被那渐行渐远的亲情带回家了，她差一点儿就迷失在自己的路上，终于还是被家中的灯光指引着。

小曼心中仍然带着伤，可是她被说服了，她累了，也倦了，她不能因为自己一个人的幸福再去折磨年迈的父母了，她不能为自己一个人的快乐再去赚父母的一滴眼泪了，那些泪水滴在她的心上，那样灼热。

爱，于她，竟是奢侈的吧。每个人不都是这样走完一生的吗？带着一些遗憾，带着一些无力，她又如何是幸运的那个呢？

她回到家中，翻开那本日记，写下了最后一篇：

“摩！我今天与你永诀了，我开始写这本日记的时候本预备从暗室走到光明，从忧愁里变出欢乐，一直地往前走，永远地写下去，将来若是到了你我的天下时，我们还可以合写你我的快乐，到头发白了拿出来看，当故事讲，多美满的理想！现在完了，一切全完了，我的前程又叫乌云盖住了，黑暗暗的又不见一点儿星光。

“摩！唯一的希望是盼你能在二星期中飞到，你我做一个最后的永诀。以前的一切，一个短时间的快乐，只好算是一场春梦、一个幻影，没有留下一点儿痕迹，可以使人们纪念的，只能闭着眼想想，就是我唯一的安慰了。从

此我不知道要变成什么呢？也许我自己暗杀了自己的灵魂，让躯体随着环境去转，来什么都可以忍受，也许到不得已时我就丢开一切，一个人跑入深山，什么都不要看见，也不要想，同没有灵性的树木山石去为伍，跟不会说话的鸟兽去做伴侣，忘却我自己是一个人，忘却世间有人生，忘却一切的一切。

“摩！我的爱！到今天我还能说什么？我现在反觉得是天害了我，为什么天公造出了你又造出了我？为什么又使我们认识而不能使我们结合？为什么你平白地来踏进我的生命圈里？为什么你提醒了我？为什么你来教会了我爱？爱，这个字，本来是我不认识的，我是模糊的，我不知道爱也不知道苦，现在对爱也明白了，苦也尝够了，再回到模糊的路上去倒是不可能了，你叫我怎么办？

“我这时候的心真是碎得一片片地往下落呢！落一片，痛一阵，痛得我连笔都快拿不住了，我好怨！我怨命，我不怨别人。自从有了知觉，我没有得到过片刻的快乐，这几年来一直是忧忧闷闷地过日子，只有自从你我相识后，你教会了我什么叫爱情，从那爱里我才享受了片刻的快乐——一种又甜又酸的味儿，说不出的安慰！可惜现在连那片刻的幸福也没福再享受了。好了，一切不谈了，我今后也不再写什么日记，也不再提笔了。

“现在还有一线的希望！就是盼你回来再见一面，我要拿我几个月来所藏着的话全盘地倒出来，再加一颗满含着爱的鲜红的心，送给你让你安排，我只要一个没有灵魂的身体让环境去践踏，让命运去支配。

“你我的一段情缘，只好到此为止了，此后我的行踪你也不要问，也不要打听，你只要记住那随着别人走的是一个没有灵魂的人。我的灵魂还是跟着你的，你也不要灰心，不要骂我无情，你只来回地拿我的处境想一想，你就一定会同情我的，你也一定可以想象我现在心头的苦也许更比你重三分呢！

“要是我们来不及见面的话，你也不要怨我，不是我忍心走，也不是我要走，我只是已经将身体许给了父母！我一切都牺牲了，我留给你的是这本破书，虽然写得不像话，可是字字都是从我热血里滚出来的，句句都是从心底里转了几转才流出来的，尤其是最后这两天！哪一字、哪一句不是用热泪写的？几次都写得我连字都看不清，连笔都拿不动，只是伏在桌上喘。我心里的痛也不用多说，我也不愿意多说，我一直是个硬汉，什么来都不怕，我平时最不爱哭，最恨流泪，可是现在一切都忍受不住了。

“摩，我要停笔了，我不能再写下去了；虽然我恨不得永远地写下去，因为我一拿笔就好像有你在边儿上似的，永远地写就好像永远与你相近一般，可是现在连这唯一的安慰都要离开我了。此后“安慰”二字是永远不会再跑上

我的身了，我只有极大地加速往前跑；走最近的路、最快的路，往老家走罢，我觉得一个人要毁灭自己是极容易办得到的。我本来早存此念的：一直到见着你才放弃。现在又回到从前一般的境地去了。

“此后，我希望你不要再留恋于我，你是一个有希望的人，你的前途比我光明得多，快不要因我而毁坏你的前途，我是没有什么可惜的，像我这样的人，世间不知要有多少，你快不要伤心，我走了，暂时与你告别，只要有缘，也许将来会有重见天日的一天，只是现在我是无力问闻。我只能忍痛地走——走到天涯地角去了。不过，你不要难受，只要记住，走的不是我，我还是日夜地在你心边呢！我只走一个人，一颗热腾腾的心还留在此地等，等着你回来将它带去啊！”

落笔，小曼出门拍了让徐志摩回来的电报，希望能做最后的诀别。

在这分别的几个月中，小曼承受了太多的压力，这些来自四面八方的压力让她最终无力抵抗，她从对未来的期望到对现实的绝望，终于被这样反反复复的落差击败，崩溃下来，那些爱恨的纠葛蹂躏着她支离破碎的心，累得再无抗争的气力。

红尘中多少事，你我都在其中，花开花落情事了，相见时难，别亦难，谁又能等到月圆花开，千里共婵娟？

令人憔悴的斗争

在欧洲漫游的徐志摩接到陆小曼的电报就立马动身，日夜兼程。

1925年7月末8月初，他至。

她未迎。

虽然这时王赓人在上海，但是小曼的母亲因为知道徐志摩回来，加强了对小曼的看管，徐志摩也去小曼家中探望，只是小曼的母亲却总是在场，这一对有情人终于得以相见，却没办法一吐相思之苦，只得默默地相望，偶尔说的也都是客套话。

终于有一次在朋友的聚会上，两人难得相见，陆小曼

却故意不理他，装作一副心不在焉的样子，这让徐志摩又急又气，他内心呼唤她的名字，却看见冰霜一样的神情。

他真的深有体会泰戈尔老翁的诗了：

“世界上最遥远的距离，不是相隔千山万水，而是我就在你的身边，你却拒之千里。”

这让他想到了几个月前的一场舞会，那个时候他还没有去欧洲，徐志摩想同陆小曼跳一支舞，可陆小曼却只和其他人跳，不理会徐志摩，最后还是一副无可奈何的表情接受了他的邀请。

徐志摩哪里受得了这样的折磨，他感到委屈，身边无人的时候，他生气地问陆小曼为什么在舞会上如此冷漠？

“我们还有什么可气的吗？”说着，她的眼泪马上就落下来了。

徐志摩这才明白陆小曼的细腻和一番苦心，懊悔自己太鲁莽。

那个时候，陆小曼还是王赓的太太，出来进去都有很多人关注，她的一举一动甚至都能成为别人的饭后谈资，她装作无可奈何的样子，既显得出于礼貌而应邀，又可以制造两个人亲近的机会，这样不会引来太多议论。

一切做得如此天衣无缝，游刃有余。

今天又是此情此景，只是陆小曼一点儿都没有给两个人亲近的机会，这让徐志摩的心一点点下沉，忍受着痛苦的折磨。

事实上，徐志摩回来了，陆小曼比任何人都高兴，她的身体也奇迹般地逐渐好转，一日比一日有精神，这都是因为心中的力量之源又回来了，她的灵魂也从那遥远的欧洲被带回来了。

但她真的没有了爱的勇气，这几个月，她一个人承受了太多，她的精神已经被打垮了，徐志摩回来了，但她不知道这个男子能否还能帮她把垮掉的精神重垒起来。

在朋友们的帮助下，他们两人终于有机会单独相处了。

那日，正是酷暑难耐的8月天气，陶然亭中一片寂静，徐志摩焦躁不安地来回踱步，期待着久别重逢的第一次单独见面。

“志摩！”多么熟悉的声音，那日日夜夜思念的声音，徐志摩一个转身，小曼已经扑在他的怀里抽泣起来了，几个月的别离，满腔的委屈全都发泄出来了。她的依靠回来了，她的爱人回来了，她的生命回来了。

不知道过了多久，小曼终于忍住眼泪，说出的第一句话便是：“你再不回来，就见不到我了！”

这句话像千针扎着徐志摩的心头：“你等不到我，能忍心走么？”

刚刚忍住的眼泪又像泄了闸的洪水控制不住地流出，他看透她了，她爱他爱得那么深，怎么能轻易离开呢？

“曼，我看了你写的那20篇日记，哪一篇不是饱满着真情？哪一篇不是血和泪的酿制？曼，有了你的韧，还有什么不能实现？遇到你，这是我的命，我的生命已经投入到你的生命中，如果没有你，我的一切都完了。曼，恳求你不要再怀疑我的感情，也不要再回避，逃得远远的，我已经不能再承受这样的打击了，我已经尝过了一次，到现在我还伤感，难道让我一辈子都是在伤感中度过不成？曼，别回避我，你能忍心这样做吗？别让狗屁的礼教埋葬了感情，为什么我们不能开创一个全新的生活？这次我看到罗素和麦雷，他们都很幸福，难道幸福全让别人占去，我们就不会去争取？我们就不能去争取吗？”

小曼泪光盈盈地看着徐志摩，将言而未语，只是流着眼泪，她那些准备的“诀别”的话，此时全都说不出口了，她能感到自己的心又振作起来了，她用心感受着这份情，它浓得比以前更加难以剥离了。

她伏在他的胸膛，感受着他激动的心跳，他们有着相同的频率，她又回到了原点，之前答应父母的那些话，自以为的那些牺牲，瞬间在这个男人面前又都失效了，那些坍塌了的坚持，那些瓦解了的力量，瞬间又重生，一座一座爱的堡垒又驻在心头。

然而小曼已经答应了父母同去上海定居，这件事已经没有缓和的余地了，终于，期限到了，小曼必须兑现她对母亲的承诺。

8月底南下，与住在上海的王赓汇合，徐志摩和小曼都是痛苦的，徐志摩对小曼也是又气又怨，在离婚的问题上，她总是徘徊不前、犹豫不决，当然这很大部分原因是因为小曼是个孝顺的女子，自从那次和父母的长谈，让她猛然意识到父母已经年迈，自己的不孝实在是让他们操碎了心。

徐志摩害怕失去小曼，害怕小曼南下后离婚就变得遥遥无期，害怕命运再次夺走他的爱，他做了各种尝试，包括他亲自出马拜访小曼的母亲，结果自然不如人意，小曼的母亲责骂他："你不要来妨碍别人家庭的生活，让一个幸福的家庭无法过日子！"

徐志摩只能再找胡适帮忙，可是这次任谁也无用，小曼的母亲说，王赓对小曼很好，对他们老夫妇也很孝顺，我们不能做这种不仁不义的事情。

志摩灰心至极，在他面前没有希望，有的只是黑色的绝望。

1925年9月4日，他决定暂时和小曼告别，去看住在上海的父母，他回来一个月有余，却还不曾见过父母，他走了，带着沮丧和悲伤，离开这个伤心之地，他需要呼吸

一些新鲜的气息，才能再战。

临行前，他还找了老友刘海粟，请他帮忙继续做陆母的工作，刘海粟先生同胡适先生一样，也是徐志摩和王赓共同的好朋友，并且刘海粟此时已经是小曼的画画老师，陆母对他非常客气。

所以志摩把最后的一线希望寄托在他的身上。刘海粟为人正义，也是一个风流倜傥的青年才俊，他早年因为不满父母的包办婚姻，用逃跑的方式与之抗衡，他也是一个封建婚姻的叛逆者，所以他很理解徐志摩和陆小曼，虽然顾虑到王赓这方面而稍显为难，但是思虑再三，他还是决定鼎力相助。

为了爱，文人都有一往情深的相同的激情和追求。

徐志摩到达上海后，便收到了小曼发来的电报：一切如意——珍重——眉。

爱人之间的情话有时只需要一个字就可以了，只要看到便能感觉得到，仿佛这一路小曼都是陪伴在他身边似的，有时候这种想象中的爱往往比事实更加让人陶醉，幸福也是如此简单。

尽管志摩现在无尽地悲伤和忧愁，满心地绝望，但看到电报，他还是欢欣鼓舞，陆小曼是了解他的，他说：“多可爱啊，救命的王菩萨，我的眉！这世界毕竟不是骗人的，我心里又漾着一阵甜味儿……我感谢上苍，真厚待我，眉究竟不负我。”

诗人的心如此敏锐，丝毫的风便能吹起层层涟漪，梦中的呢喃、风中的寄语、歌里的呼唤，每个词语、每个片段，都是他生活里面最重要的组成，或者不仅诗人如此，每一个恋爱中的人亦如此。

徐志摩到了上海的第二天，小曼和母亲也启程南下，这一次陆小曼痛快地答应和母亲一同南下，是因为徐志摩也在上海，而他们的好友刘海粟也如约一同前行。

火车上，人不多，小曼自己一个人坐在窗边，望着窗外，也许她在想怎么面对王赓，如此令人苦恼，也许她在想又可以见到徐志摩了，如此令人期待。

陆定坐在小曼的对面，翻着早上买的报纸。

刘海粟和陆母坐在一起，刘海粟知道在这场“斗争”中，陆母才是关键，他苦口婆心地将这件事的利害关系透彻地进行了分析，到底是家族的脸面重要，还是小曼的一辈子的幸福重要呢？

一路上，刘海粟晓之以理，动之以情，这个世界本来就是如此，事情需要有人来帮忙打理，不然会纠缠在一起，没有人会理会对方的感受，一意孤行在一己之见中，最后，事情就没有办法得到解决。

陆小曼的母亲又何尝不心疼女儿呢？陆小曼是陆家的掌上明珠，唯一的孩子，她又如何忍心看小曼日日夜夜地

折腾自己的身体？

每一次小曼的心脏病发作，作为母亲，她都是撕心裂肺地疼啊！她又未尝不希望女儿的婚姻能美满幸福？那不就是她和陆定唯一的期盼么？

但是王赓是他们招的女婿，他对小曼的好，他们看着眼里，他对二老的孝顺，他们记在心里，他没有半点儿对不起陆家的，而是小曼对不起他，现在还要逼着二老也对不起王赓，他们又于心何忍呢？

为人父母的一番苦心，谁又能了解？她平日里对小曼要求十分严格，但她爱小曼胜过一切，只是她有自己的主见，有自己的传统观念，有属于他们那个年代的不可撼动的原则。

这些，聪明的刘海粟也看出来了，他安慰陆母，小曼和王赓的分离，对谁都无害处，王赓苦守着一段没有感情的婚姻也是无味的，一定能找到一个好办法，保证谁也不会受到伤害。

陆母欲言又止，无奈地叹了一口气，什么也没有说，看着窗外，她这便是默认了吧，若是有好的办法，她也希望小曼脱离苦海，这是命。

小曼坐在旁边，那些话她全部听在耳里，一会儿紧张，一会儿喜悦，一会儿害怕，一会儿又失望，最后看到母亲不说话而只是叹气，心中也松了一口气，想是母亲的爱包容了自己，要不是在火车上，她一定又要流泪的。

陆小曼南下的消息事先已经通知过徐志摩了，但她告诫徐志摩一定不要来接站，可是他还是没有控制住自己，来了。

当陆小曼母女下了火车，就看到了已经在车站等候多时的徐志摩，陆母本来已经被刘海粟劝说得动了心思，但一看到徐志摩，心里面的怒火又燃烧起来，她拉着女儿转身便走。

留下徐志摩一个人在站台上木木地发呆。

还没有来得及说上一句话，只是匆匆看了一眼。

陆小曼来到上海，又被母亲像在北平那样看管起来，这就是陆小曼之前所担心的，陆母不知道徐志摩也在上海，所以不让徐志摩来接站，偏偏那个痴情的男子没有听从她的嘱咐。

这样一来，他们见面就更加难上加难。

徐志摩甚至想要和陆小曼私奔，不管这些牢笼枷锁，不理那些纷乱的碎语杂言，只求和她在一起，共同取暖。

这个时候的陆小曼母女和王赓已经在上海安顿下来了，眼看着陆小曼整日魂不守舍，王赓于心不忍，同意给陆小曼和徐志摩五分钟的会面时间。

对于徐志摩来说，既高兴，因为这是难得的机会，又难过，因为五分钟太短暂。

他们相见了，却什么也说不出来，只是那样看着彼此，一开口，一口气又哽在咽喉，最后只是平添了愤懑。

“今晚天上有半轮的下弦月；

我想携着她的手，

往明月多处走，

一样是青光，我想，圆满或残缺。

……”

这样的心情甜蜜而忧伤，徐志摩望穿秋水，希望能再与陆小曼见一面。

他秘密谋划了一个游西湖的计划，却因为陆小曼的母亲识破，最后只是空等了一轮明月。

等到最后，就连信心都失去了，徐志摩已经疲惫了，在爱的角逐中，女人似乎比男人更加有耐心。

见不到陆小曼，徐志摩也开始放弃，他绝望地回到北京。

也许，他们的缘分如此，不是他不争取，而是感情无法勉强。

爱，就成全

最后在上海的那段时间，王赓仍然在忙碌他的公务，据说，他们之间还发生过一次大的冲突。

当时上海名媛唐瑛，也就是同陆小曼名震社交界，有“南唐北陆”之称的“唐”，为了尽地主之谊，她常常邀请陆小曼吃饭、跳舞。王赓那段时间非常忙碌，没有时间陪陆小曼，但每次临行前总是不忘嘱咐陆小曼不要跟他们外出跳舞。

小曼心中十分生气，她心中不认为王赓是为了她的安全着想，反而觉得他限制了自己的自由，不解人情世故。

尽管如此，小曼还是顾及王赓的感受，在同伴来邀请

她的时候，她并没有答应，于是便有些人开玩笑说："我们总以为受庆（王赓）怕小曼，谁知小曼这样怕他，不敢单独跟我们走。"

边说边拉着她往外走。

刚要上车的时候，被刚刚回来的王赓看到了，他觉得小曼把自己的话当做耳边风了，十分恼怒，大声地责骂她："你是不是人？说定了的话不算数。"

刚刚拉陆小曼去跳舞的那些同伴听到这样的话，看到这样的场面，十分尴尬，很快都散去了，只留他们两个人在原地。

陆小曼被惊在原地，她还来不及反应，刚刚还被同伴嘲笑，现在又被王赓当面辱骂，她什么时候受过这样的待遇？满腹的委屈一下爆发出来，她再也不要和这个男子共度一天了，她再也不能忍受他的粗暴和强势，她将这件事告诉了母亲，母亲也十分气愤，没想到王赓在人前这样不给小曼面子，对王赓也有了些看法。

后来，好友刘海粟在功德林摆了一场晚宴。

应邀的全部都是上海的名流：主角王赓、小曼母女、徐志摩，另外还有张幼仪的哥哥张君劢、杨杏佛、李祖德、唐腴庐以及她的表妹唐瑛。

这个酒席正是为了劝王赓与陆小曼离婚而设下的鸿门宴。

每个人都知道晚餐的主题，却不知道如何开始这个尴尬的话题，徐志摩更是热切地期待着这场宴会的到来，但真正临场的时候却还是非常紧张。面对深爱的陆小曼，他有千言万语，但面对这么多人，尤其是当着王赓的面，要公然夺走她，而且还如此义气凛然，心中更加惭愧。

尤其是在场这么多的朋友大部分都是站在他这一边，反倒给了他很多压力，甚至觉得非常对不起坐在对面的王赓，他是昔日的友人和同门。

但爱情来得如此凶猛，他很难自控，更何况，陆小曼对王赓已经没有感情，他们之间不过只有夫妻的名分，已经没有最初的爱情。陆小曼的坚持、朋友的鼓励、自己的真心，让他有了今天坐在这里的勇气。

只是他的话不多，而是默默地听着。

话题也很快地进入到了爱情和婚姻。

唐瑛问刘海粟逃婚时哪里来的勇气？难道不怕别人的非议么？而且这是父母之命，不怕不孝么？

这个问题也正是徐志摩和陆小曼的映射，刘海粟自是侃侃而谈。

他说，别人议论都是一时的，很快就会消失，自己的婚姻是一世的，难道顾了这一时，就要熬上一世的苦？每个人都有追求幸福的权利，别人非议两句，就改变了自己的生活，这不是为别人而活么？那些说闲话的人可不管你

幸福不幸福的。说到不孝，如果夫妻反目、家庭不和，父母能安心静享清福么？这才是真的不孝呢，哪个父母又忍心看自己的儿女不幸？

这个话题一落，新婚的张君劢也接起话来谈起自己的往事："我这么大年纪才结婚，是因为我很明白，婚姻这个东西一定要以感情为基础，记得当年我不肯屈从父母的安排逃出去读书，志摩呢，他是个独子，也许当年正是少了一点儿逃出的勇气，这才和舍妹结下了这段痛苦的姻缘，这段婚姻的失败，我作为兄长虽然很难过，但我非常理解和同情，事实上，他们离婚以后，能够成为很好的朋友，这也证明了男女之间的爱情和友谊是两种不同的成功，并非要捆成怨偶才能算是圆满的人生嘛，我祝愿大家都能找到自己的幸福和圆满的人生！来！干杯！"

张君劢是徐志摩的前妻张幼仪的哥哥，如果按照常理来讲，他应该会因为妹妹的事情记恨徐志摩，但恰恰相反，他们是亲密无间的朋友。当年也正是因为他欣赏徐志摩的才情和人品才将妹妹介绍给他的。

现在徐志摩和张幼仪离婚，他也并不责怪徐志摩，因为他对爱情和婚姻的观念和徐志摩非常相似，都非常开化和坦荡。

酒宴上觥筹交错，王赓心中自然知道这一切都是给他一个人设计的，他这样聪明，如何听不出那些弦外之音呢？只是心中有恨，表面却仍然神情自若、潇潇洒洒，不失君子之风。他说：

“作为军人，最终的两件事就是荣誉和责任，我一直认为，作为一个男人也是如此。我提议，为荣誉和责任干杯！”

一杯烈酒，仰头饮尽，那是作为一个男人在固执地坚守自己的尊严。他放下酒杯，用余光看到坐在身旁的小曼在暗自流泪，心中不免一惊，在座的这些朋友一番番高谈阔论让小曼联想到自己的命运，不由得落泪了，叹一声人生不易，道一句爱恨情仇，灯光映在小曼秀美的脸庞上，泪水滑落，融化在王赓心中最柔软的地方。

看到那滴泪，他明白自己已经永远失去了小曼。

王赓心中升起一丝丝的怜悯，自己平时忙于公务，忽视她了，冷落她了，所以最后弄丢了她，她再也不愿意回到他的怀抱里来了。酒宴结束，小曼并没有跟徐志摩走，而是跟随王赓上了回家的车。

小曼说：“至少这会儿，我还是你的妻子。”

王赓苦笑，这个女子风华绝代，有着倾国倾城的容貌，他第一次见到她便心中暗暗决定，定要为了她而守护一生，只是她不爱他。

人间有多少男欢女爱都是如此，遇到一个自己爱的人，容易，遇到一个爱自己的人，亦容易，只是遇到那个两情

相悦的终身伴侣难，然而有多少结合都只是前面两者，因为遇见对的人实在太难太难。

有几人能在寻找的路上忍受无边的孤独？坚持把自己的真心只留给远方的他？其实，去爱是一种幸福，因为付出是一种动力，被爱是一种愧疚，因为索取让人不安。

王赓不舍，但他爱她，放手是一种成全。

他最后跟小曼说：

“跟我在一起，你不幸福，我有责任。

我让你走，你不幸福，我同样有责任。”

也许到那最后一刻，小曼才知道王赓对她的爱，因为他从未表达，但在最后一刻，小曼仍然无法真正地体会那默默地爱，这是一种坚忍的、含蓄的，却同样深沉的爱。

两个月后，王赓在离婚协议书上签了字，那个时候，他正在狱中。

王赓一路顺风顺水，年少有为，此时，他已经是北洋军阀孙传芳的五省联军参谋长。

他被派往上海，前去购买一批军火，交易方是一个白俄罗斯人，世事难料，那个白俄罗斯人拿到王赓支付军火的钱后，竟然立即携巨款逃跑，王赓因为此事而被查办的军阀特派员关押了起来。

正是这年年底，受陆小曼委托的李祖虞在狱中找到了王赓，他爽快地在离婚协议书上签了字。

即使再不舍，如今已经在狱中的他，已经不能够给陆小曼任何承诺和保障，他果断地选择了放手，没有了之前的重重疑虑。无论她最后和徐志摩是否会幸福，至少此时，他给不了她幸福，甚至连像从前那样锦衣玉食的生活和官太太的光芒也给不了。

这是一个真正有担当的男子，只是他生性耿直，不会那些风花雪月，不懂温存，所以他没有留住陆小曼，面对爱的人，他只能选择放手。

爱，就成全。

第七章　一粒尘埃落定无声

一粒尘埃终于落定

柔情似水，佳期如梦，好梦难醒，如今，却已成好事。

一个女人愿意为爱而生死，又岂是说说便了事的？陆小曼的幸福是自己争取来的，后世不仅仅记得她惊艳世俗的容貌，更因为她为爱的勇敢和信念才让人铭记。

然而也有人说她不够矜持、有伤风雅、难成体统，这些流言蜚语却诋毁不了她炫美的光芒。

当她跑到北京将离婚的消息告诉徐志摩的时候，她几乎是一路跑来的，她控制着自己，紧紧地握着手里的包，生怕自己飞起来了似的，她扑到徐志摩的怀里，这段感情开始了，虽然有些迟，却仍是一段才子佳人的童话。

若是一场梦，谁都不愿意醒来，但若不是梦，还有很多需要他们来面对。

婚姻意味着责任和坚持，有多少人愿意与你花前月下，却不愿意与你携手白头，因为那漫漫的人生无休无止，有多少坎坷和荆棘让人难以预料，有人用一世的安稳换取那花样年华。

可是陆小曼却宁愿用这荣华逍遥去换一份未知的漂泊。

那是徐志摩给她的承诺，一个关于爱的美丽传说。小曼就跟着这个男人，义无反顾地抛弃一切，包括她的名誉，只因为心中有爱。

1926 年 8 月 14 日，北海公园，他们订婚。

1926 年 10 月 3 日，北海公园，他们结婚。

一粒尘埃终于落定，小曼虽然已经离婚，恢复了自由身，但他们的结合仍然经历了重重困难，而此时的压力主要来自徐志摩的父亲徐申如先生。

早就耳闻自己的儿子和陆小曼在京城传出来的各种不堪入耳的绯闻，他早已对这个女人反感到了极点。

一来，陆小曼结过婚，是二婚，他不愿意舍弃张幼仪这样的一品夫人换个二婚头；二来，他一直认为陆小曼轻佻妖娆，只会唱歌、跳舞、看戏、打牌这些吃喝玩乐，毫无正事可言，自然不是一个居家过日子的贤淑女人，实在不配做徐家的儿媳妇。

但徐志摩前后两次从北京千里迢迢地赶来，只为说服二老同意他们的婚事。再加上身边还有很多朋友相劝，徐申如开始心软了，每每看到徐志摩夜不能寐，透过那扇薄纸糊的小轩窗，看到徐志摩长吁短叹，抱着日记本一会儿写两笔，一会儿又凝神发呆，徐申如终于答应了他们的婚事，尽管带着极大的不情愿。

但他也有自己的原则，首先就拿徐志摩的前妻张幼仪犯难，他提出这件事情要取得张幼仪的同意，但张幼仪此时还在德国。

虽然，人尽皆知，她和徐志摩早就已经在德国离婚了，但是徐申如夫妇始终不愿承认这个事实，他们不承认那一纸证明，而要有他们在场，或者亲戚在场的证明才可以，这是中国的传统，也是老一辈人最质朴的表达方式。

任何事都要回归于人，回归于眼，回归于心，怎么能用一张盖着章的白纸就草草了事，一段情、一段姻，就这样被抹杀。

徐志摩不得不写信给张幼仪，请她回国，征求她的意见。

张幼仪，徐志摩的第一任夫人。

张家也是江苏的名门。张幼仪的祖父是清朝知县，父亲张润之的仕途虽然不顺利，却成为了当时一位颇有名望的医生。

张幼仪兄弟姐妹共 12 人，她排行第八，二哥张君劢（张嘉森）和四哥张公权（张嘉璈）都留学日本，是当时的社会名流，在学界、政界、商界都非常有影响。

张君劢在辛亥革命后任宝山县议会议长，组织民社党，又出任民国农商部秘书；1913 年留学德国；1915 年回国后任浙江交涉署署长，后任北大教授、民社党主席等职。

张公权于 1913 年任浙江都督朱瑞的秘书、参议院秘书长，因不满袁世凯的统治而离职，改任中国银行上海分行副经理，1928 年任中国银行总经理。此后任交通部部长、中国银行总裁等职。

最初，就是张公权看中了徐志摩，才将妹妹托付给他。

真的是千里姻缘一线牵，当时，徐志摩还在杭州中学念书，时任浙江省都督朱瑞秘书的张公权来到杭州府中视察，他在察看学生的作文考卷时，无意中发现了一份优秀的考卷，字迹劲秀洒脱，文章意气纵横，慧眼识珠的张公权对文章的写作者赞不绝口。

当他打听到他中意的这位才子是硖石商会会长徐申如的独生子时，想到了自己待字闺中的妹妹张幼仪，就这样主动托人上徐家来求亲。

门庭显赫的张家正是徐申如夫妇求之不得的，多少说媒的人踏破了张家的门都不得成功，最后竟然是主动上门来提亲，对于徐家来说，真是一件天大的好事。

徐家蒸蒸日上的家业和徐志摩客观的前途都需要强有力的社会关系，而张家也是世代书香门第，政治与经济上都有着很高的地位，两家家长一拍即合。

父母之命，媒妁之言。

徐志摩和张幼仪就在那个懵懂的年纪订了婚。他16岁，她13岁。

那一年，在硖石，古老的商会礼堂，一袭落地白纱，她和20岁的徐志摩举行了一场华丽的西式婚礼，他们一起走过那长长的礼教，穿越过两个名门望族的一双双眼睛，走上了婚姻的殿堂，但这对于两个人来说都是一场梦魇。

徐志摩取下她的幔纱，第一次仔细看清楚了站在眼前的张幼仪，她温婉如玉，目若朗星，她低着头，脸颊泛着红晕。她也是一个漂亮的女子，内心如此娴静，外表如此贤淑，她不张扬，却于举止间流露着大家闺秀的高贵；她不奢华，但在衣裙发饰上从来都有着独有的清新气质。

她从山林里走来，可是误落了孽缘，可恨这一生只为一个不爱她的男人付出，而她却无怨无悔，只叹自己命当如此。

徐志摩这一辈子最对不起的女人就是张幼仪，这个有情有义的女子独当生活中艰苦的一面，说不好是她本身就如此坚强还是徐志摩为她带来的生活造就了今日的张幼仪。

几次三番在徐志摩最需要帮助的时候，都是她的出现，

将事情化解，而徐志摩对她欠下的债，哪怕是用一生中的所有最美好的东西也难以偿还得清楚吧，因为他欠下的不只是情。

在徐志摩离婚这件事上，张幼仪还是像从前一样云淡风轻，从容大度。

又经过了一个月的时间，张幼仪才回到硖石徐家，这古老而熟悉的院落，梦中无数次出现的矮墙和老树，张幼仪觉得恍如隔世。手中抱着小儿子彼得的骨灰，一袭白色连衣裙，如今的她早已经不是当年那个目光短浅的传统的大家闺秀，经过一段婚姻的磨砺和欧洲学习的锤炼，她早已出落成另一副模样。

现在的她有着自己独立的思考和人格，她开始积极面对困难、面对未来，开始更加主动地去开创自己的生活，她更加勇敢而决绝，更加独立而坚强，这与中国传统的贤淑完美的结合让如今的张幼仪更添几分风情，更多几分娴雅，更沉淀了成熟女人的味道。

当徐申如问张幼仪“你们离婚了么？”时，张幼仪微微点了点头。徐申如摇摇头，深深地叹了口气：

“你不反对他和陆小曼结婚么？”

“不反对。”张幼仪淡淡地说，心中却觉得好笑，自己还有什么资格来反对呢？徐申如听后，眼神里明明有一种失望流露出来，而坐在一旁的徐志摩的眼中却是欢喜的。

张幼仪在短短的时间里察觉到了这屋子里每一个人的情绪变化，心中暗暗忧伤。张幼仪始终在这个家中有着一个特别的地位，却再也说不清楚她充当的是一个怎样的角色。

徐申如已经没有什么理由继续反对下去了，勉强答应了儿子和陆小曼的婚事，但是他却提出了三个条件：

一、结婚费用自理，家庭概不负担；

二、婚礼必须由胡适做介绍人，梁启超证婚，否则不予承认；

三、结婚后必须南归，安分守己过日子。

这三条看似简单，其实都是极有针对性的，第一条和第三条很显然是为了避免小曼婚后还像从前一样挥霍度日、铺张浪费，希望回到硖石可以安分守己，此时，他们也对陆小曼还有一些幻想。

第二条，是因为胡适和梁启超都是社会名士，他们在社会上德高望重，如果他们能担任介绍人和证婚人，将为徐家赢回些声誉。徐申如想得这样全面，看似对徐志摩苛刻，实质上是情之深，意之切啊！

其实，可怜天下父母心，儿媳虽然不是徐申如夫妇喜欢的，但结婚毕竟还是儿子的大事，也不能草率了事，嘴是刀子嘴，心中却早就在筹建着新房，徐申如也算是江南之地的一代富商，在家乡，他为儿子盖了一所豪宅，虽说不比上海的房屋那般奢华，但在这一带绝对算是独树一帜、

中西合璧的高档住所了。

经过大大小小的波折，陆小曼和徐志摩终于可以在一起了，这个漫长的过程长达八个月之久。

8月14日，他们订婚，这一天刚好是农历七月初七，牛郎与织女鹊桥相会之日，金风玉露一相逢，便胜却人间无数。他们的爱又何尝没有经过这样的折磨，但有情人终成眷侣。

10月3日，他们结婚，选在农历八月二十七日，孔诞日，又在北海，初秋的北海像一幅宁静的油画，郁郁苍苍的树荫下，两百多位来宾，却唯独少了徐申如夫妇，只是来电说“余因尔母病不能来，幼仪事大旨已定，你婚事如何办理，尔自主之，要款可汇”。虽然措辞委婉，有情可原，但是儿子成婚，得不到父母在场的祝福，心中该有多遗憾！

不过参加婚礼的有很多亲朋好友也安慰了徐志摩的心，赵元任和陈寅专程从窗外的清华赶来，老大哥胡适做介绍人。

这些好朋友一路相伴，大都是支持徐志摩的，人生能得一知己足矣，而徐志摩的知己又何止一人？这是陆小曼一直羡慕的，她也渴望并追求这样的朋友，真正地了解她、支持她，那该是一件多么让人欢心的事情呢。

不过她现在认识了徐志摩，她已经很满足，一个能坦诚相对的爱人，一个能吐露心声的蓝颜，一个愿意用“真”来相处的伴侣，幸福翩然而至身边，爱神垂青于她，她只是伸出了双手，便撞了一个满怀。

有你在，便心安

硖石，这个载满了徐志摩童年回忆的地方，青山绿水间错落的村舍、黄熟的稻田铺向天际、山峦小溪围绕着东山、昏黄的午后漫步在其中，终于在这个世界上绕了一个大圈又回到了这里，而这一次，他挽着他灵魂的伴侣归来，应了儿时的梦。

陆小曼第一次来到这里，对一切都那么新鲜，乡下人看她也如此新鲜。

她既兴奋又不安，不知道新的生活会是怎样，不知道徐家人会不会喜欢她。但看看身边的徐志摩，她就无比心安。

这里的民间礼仪她一样一样尝试过去，整个小镇欢腾热闹极了，走出六人抬的大红轿，所有人都凑出来围观这大城市来的新娘，一身锦绸绫罗、凤钗花冠、凤舞流苏，小曼既羞涩又兴奋，她拉着徐志摩，拽着徐志摩，生怕一不小心自己便飞了去。

她就这样风光地嫁入了徐家，来到了硖石。

这样的排场，徐家的长辈是反对的，他们认为二婚没必要这样铺张，应该低调，但小曼不这样想，她要风光而且必须风光，在北京，她也算是名人，徐志摩更是风云人物，他们的婚礼一定要有声有色才能有些面子，原先受的那些诽谤、委屈也好让这锣鼓喧天一泻汪洋，让人们看看他们的真情终于花开满天，他们不是逢场作戏，而是真心相待。

徐志摩听她的话，顺她的意，一切风生水起，排场十足。

陆小曼听着徐志摩对于未来的憧憬和要长隐于此的愿望，眼中流露着期待，只要两人长相厮守，无论是天涯海角都会觉得有依赖。

徐申如对儿子离婚再娶不是很满意，但徐志摩愿意回到老家硖石，和两位老人一同居住，还是让他和夫人感到高兴，更何况张幼仪虽然好，但是徐志摩对不起人家，不关陆小曼的事。

现在既然都已经成亲，徐申如也不计较那么多，他还专门为这对新婚夫妇建造了一栋小楼作为新房，取名为："清远楼"。

"新屋更须月许方可落成，已决定置冷热水管，楼上下房共二十余间，有浴室二。我等已派定东屋，背连浴室，甚符理想。新屋共安电灯八十六，电料我自去选定，尚不太坏，但系暗线，又已装妥，将来添置不知便否？眉眉爱光，新床左右，尤不可无点缀也……门前五开间，一律作为草地，杂种花木……楼后有屋顶露台，远瞰东西两山，颇亦不恶。不料辗转结果，我父乃为我与眉营此香巢，无此固无以寓此娇燕……"

清远楼如此堂皇，一切浪漫而温馨，徐申如对儿子的一番情意尽在不言中了。

初见儿媳妇的二老其实对陆小曼的印象不错，她落落大方、容貌娟秀、穿着朴素、举止端庄，身上透着一副大家闺秀的优雅气质。

只是，她结过一次婚这件事，始终是二老心中的结。

无论如何，经过重重苦难，有情人终成眷属，他们终于可以安静地享受二人世界了。在硖石这个小镇上，不沾染世俗的干扰，不触碰世人的蜚语，宛若天上人间，如此惬意和满足，徐志摩甚至有了归隐的想法。

他是一个诗人，向往爱情和自由，也向往宁静和超然。

如今，和自己心爱的人可以厮守在一起，他只希望上天还可以赐给他一段远离尘嚣的后半生，让他像陶渊明那样过着“采菊东篱下，悠然见南山”的悠哉生活。

可是，人们总在说现实与梦想的差距，诚然如此，当浪漫的诗画连篇遇上生活中的柴米油盐总是那么不相容了，天山上的雪莲怎么可能在田间盛开呢？

其实，很多人在评说他们二人的时候，都觉得他们是不合适在一起的，徐志摩作为一代文人墨客，他的妻子应该是张幼仪那样温文尔雅、持家有道的贤内助才能帮助他免除生活琐碎，让他专心创作，或者像凌叔华、韩香梅那样文采飞扬、才华横溢，才能帮助徐志摩促进灵感，共同激励。

但他偏偏爱上了一个淑女名媛，他偏不明白这样的女人只可远观的道理。陆小曼，风华绝代的美俏佳人，她的丈夫应该像王赓那样能给她充裕的生活保障、物质满足，才能维持她在上流社会的摇曳风情。

可是他们相遇了。

他们相恋了。

他们相拥在一起，坠入爱河。

任谁也无法拆散。

缘起缘落，无论什么结果，都要由自己承担。

小曼好似他心中无数次冥想的女神，那样的风情，那

样的绰约，那样的迷人，他为她的笑而倾倒，为她的舞姿而魂牵梦绕，如果她能来到他的身边，愿意与他相守相伴，他还能奢求什么呢？让她洗衣做饭么？让她料理家务么？让她为自己也吟一首诗、歌一曲乐么？这些普世的标准瞬间便在她面前如烟丝泯灭了。

徐志摩走过几生，路过几世，终于在那一回眸中断定了她，他为她而停留于此。

爱，便容纳了一切，小曼给他的爱的回应让他迷失了一切，他在自己幸福的漩涡中早就失去了方向，不过他享受于此。

然而那些对爱人的期待，他在心中仍然有一个角落将之埋藏，他心想，人是变化的，只要有爱、有时间，他可以将小曼改变成他期许中的模样，总有一天，她不仅拥有漂亮的容颜，婀娜的风情，还会有更多发展的空间，比如她的小说、剧本、绘画，他希望她能在这上面发挥人生的价值，而慢慢改掉她喜欢玩乐、应酬不断的坏习惯，引她做一名与自己在事业上齐飞的女人。

可是小曼的心，他可曾真正地了解过？在爱中，他变得如此一厢情愿。

蜜月很快就过去了，徐志摩和小曼每天厮守在一起，可他们没有顾及父母的感受，徐申如夫妇本来就对陆小曼的印象不是很好，见了面后，更是不喜欢她的穿衣打扮和言谈举止，一个月后，两位老人实在无法忍受，便给住在北京的张幼仪发了一份电报，希望可以去她那里和她一起住。

张幼仪虽然已经不是徐家的媳妇，可是二老已经认她为干女儿。张幼仪为徐家默默地付出了一生，上天似乎故意派了这样的一个女人来平衡徐志摩的人生，她像一朵白莲花，静静地散发着暗香，若有若无，纯洁无瑕，只是付出，却永远不知道索取，她安静得让人容易忽略，却在需要的时候绽放得让人动容。

相比之下，小曼更像个孩子，她活得自由自在，不会像张幼仪那样甘愿寂寞，承受一种默默的爱，她是张扬的、是快活的、是无所禁忌的，这也是一种人性真实的爆发，她本就是那样的骄傲，当遇到徐志摩的时候，他带着她那“真”的本性发挥得更加淋漓尽致。

开心，便大笑。不开心，便大哭。人生能几何？她如此幸福，因为有一个男人愿意承担她所有的“真”。

然而，在旧时家庭的徐申如夫妇眼中，陆小曼那些天真烂漫的举止却成了放浪不堪，从第一天小曼坐着六人抬的大红轿风光地来到徐家的第一天，徐志摩的母亲就怒发冲冠，一直嘀嘀咕咕地说道：“一个女人一生只能坐一次大红轿！”

在将近一个月的相处中，老太太还发现了小曼的很多

“恶行”，比如，饭量极小，每次只能吃半碗饭，剩下的就拨给徐志摩吃，小曼偶尔会撒撒娇，那些话让徐志摩的母亲看得十分不舒服，却又心疼儿子：“那饭还是凉的，志摩吃了说不定会生病哪。”

还有一次，小曼和徐志摩正要上楼，小曼却撒娇道：“志摩，抱我上楼。”老太太在日后和张幼仪的抱怨中，提及此事还是十分气愤：“你有没有听过这样懒的事情？这是个成年女子耶，她竟然要我儿子抱她，她的脚连缠都没缠过哪！”

其实那不过是爱人之间再平常不过的事情了，张幼仪听罢只能安慰老太太，其实她心里非常羡慕小曼，可惜那些幸福只能远远地观望，与自己为伴的，只有孤独。

张幼仪自然不会拒绝二老和自己住的请求，她是那么贤良、那么孝顺，而且还那么爱着那个男子。

二老走后不久，徐志摩和陆小曼并没有享受几天的二人世界，12 月间，北伐军逼近，孙传芳的部队加紧备战，硖石一带正是战线的中心，局势混乱，他们只能搬到上海去住。

小曼自然是愿意的，事实上，她早就已经厌倦了乡下的生活，她的心属于城市，她那些习惯还一如在北京时一样。而徐志摩却依依不舍，他心中还有一个隐居的梦，但因为战争而碎，其实，和陆小曼一起生活，这个梦也定会在黎明前幻灭。

徐志摩的父亲徐申如是浙江海宁县硖石镇的富商，在当地很有名望，担任硖石商会会长，设有徐裕丰酱园、裕通钱庄、人和绸庄、硖石电灯厂等企业，是一方巨商富贾。但徐志摩的父母在临行前并没有给他们留下太多的钱财。他们也许是走时太过匆忙，也许是根本有意为之，他们看不惯陆小曼日常的消费，她很多东西都要外国的名牌，这样奢侈的挥霍让二老心中非常不满。

他们有意控制二人的开销也是在情理之中，徐志摩的积蓄都花费在婚礼上了，那两场盛大的典礼花光了这个诗人半生的积蓄，如今他们竟然连逃离硖石的路费都没有，他无权从家族公司中支款，只能向舅父沈佐宸借钱，这才走成。

可哀可叹，结婚至今不过百天，已经出现这样的问题，以后的生活如何保障？陆小曼体弱多病如何供养？那些奢侈的生活习惯岂能说改便改？

爱，可以改变很多，包括一个习惯，但要看你是不是愿意。

也许只是陆小曼的一个转念之间，事情便峰回路转，但偏偏小曼是个孩子性格，她心中没有那么多的责任，也没有人要求她对谁负责，她散漫地游走一生，她的心如此自由，她一直受人呵护，她怎么会突然顾及那么多？

小曼绝不是存心的，她不会故意为难徐志摩，她只是无心，只是一种生活的延续，那本来就是她，从未改变过，只是徐志摩过于一厢情愿，爱情为他的双眼蒙上一缕纱，将小曼看得如此美好无瑕。

爱情醉人，更醉心，让人落入一厢情愿。

当爱情遭遇生活

上海的生活可想而知，十分拮据，他们先后住过旅馆、客栈，最后搬到了宋春舫家，才稍加舒适了些。

徐志摩和陆小曼本来是在这儿避难的，但没有钱，寸步难行，徐志摩也一直找寻一些事儿来做，但一时又没有理想的事业，便想到可以通过泰戈尔的秘书恩厚之的帮助，同小曼一同赴国外读几年书。

此时，林徽因和梁思成也在国外念书，自从那日与林徽因一别，徐志摩一路走过来，他的路上洒满了伤心的泪，他看着林和梁二人双双留学，心中又是多么的羡慕和忌妒，直到他遇见了小曼，这个让他再一次拾起爱情之花的女子，

他那将要死去的心才慢慢有了生气，但他心中总有一抹温柔是留给那剑桥下波光粼粼的湖，那河畔温婉的可人儿。

婚后，林徽因是来过信的，那是一封从美国宾夕法尼亚州漂洋过海的祝福，她说："祝你们幸福、幸福、幸福。"那无法排遣的伤怀再一次缠绕了他。徽徽，谁也不能将这个名字从他的生命中抹去了。小曼看到信，只是沉默了一会儿，陪着他不语，良久，才问："你还爱着她？"

你还爱着她？

新婚的妻子望着他的眼，看着他的心，偏偏徐志摩真的说了心里话，是啊，他怎么能轻易将她放下？他没有半点儿思索，点点头："是。"

陆小曼好似天塌地陷般地一阵心痛，鼻子一酸，心中有百般的哀怨，千般的责备，可是徐志摩温暖的手拂过她的脸庞，擦拭着她的泪花，看着她的泪眸，含情脉脉地说：

"我爱她与爱你不同。那一年，她从伦敦回国时曾给我留了一封信，她说，她怕社会的谴责，还说曾见过幼仪那哀怨、祈求的眼睛，她颤抖了，良心受到了折磨，她退缩了，怕被火烧死，一步一步走进现实，终于拒绝了我。

"我很痛苦，写了很多伤感的诗，也不能平静下来。后来你来了，我才知道，也许她只是一个好天使，而你才是我要找的爱侣。

"天使谁不爱？我对她的爱后来冷静下来才知道并不是

一种生活的愿望，而是精神上的依恋，我把她当成了缪斯，一个纯粹的偶像。天使和人哪能成姻缘呢？她引导我接近诗歌，改变了我的一生；她又使我懂得了什么是真正的爱情，然后就飞走了，给我留下的是感激、是思念，我对她的爱停留在过去，没有再发展，保持为友谊。

“而你为了我，抛弃了奢华的生活，遭全家、全社会的辱骂，几次死过去，但活过来后仍然矢志不改。你的神情和倔强给了我勇气，我才懂得爱情是全身心的、无所顾忌的、是两团火的交吻，一方一旦降了温，爱情也就无法再燃烧了。

“我爱她如爱天使，我爱你才是一个男子对女子的爱……”

这段真诚的告白埋藏在小曼的心中，久久无法平静，她靠着这样的信念一直走到今天，陪伴在徐志摩身边。

而徐志摩现在也只为生计担忧，哪有时间风花雪月？

胡适此时远在欧洲，但仍然为徐志摩的前途忧心忡忡，他从中周旋，给恩厚之写了一封信：

“我对志摩夫妇的前途有点儿忧虑……他们现在居住的地方是一个十分落后的小镇，没有任何现代化气息。志摩的新太太十分聪慧，但没有受过系统化教育。她能说英文、法文，能绘画，也能唱歌。但要是他们两口子在那个小地方住得太久，就会受害不浅了，他们多方面的才华会

浪费逝于无形。那些头脑里装满了传统习惯的人，并不欣赏个人才能的发展；他们把后一辈的年轻人只看做搓麻将的良伴……要是我们能找出个办法把志摩夫妇送到英国或者欧陆其他地方，让他们有两三年时间念点儿书，那就好极了……”

恩厚之是泰戈尔先生的秘书，也是胡适与徐志摩的好朋友，他很快便同意为徐志摩夫妇汇 250 英镑作为旅费。

这在当时已经算是一笔巨款，足够两人在欧洲的开销，可是计划总是没有变化快，当这笔来之不易的钱汇到徐志摩的手中后，因为陆小曼体弱多病和许多其他的原因，留学的事情被搁浅了。这样一来，徐志摩只能踏踏实实地在上海谋一份差事，解决两人生存的基本问题。

以徐志摩的名气和才华，很快，他在光华学院找到了一份兼职，生活终于有了些起色。

他们终于要结束这段颠沛流离的生活了。

徐志摩和陆小曼来到上海后，先后搬了四次家。

梅白路上的这个小屋虽然住着舒坦一些，但是房子太小，小曼压抑了很久，现在终于提出了要求，徐志摩对于小曼的要求一般都是有求必应，他们找了很多地方，看了很多房子，却没有十分满意的，终于在法租界里找到了一处极其奢华的住宅。

这是一所布置豪华的三层洋楼，是典型的上海老式石库门房子，宽敞舒适，极有派头。

一楼是客厅，正中央摆设的是佛堂，一般是重大的祭祀和家庭事件发生时才会用到，所以平时一楼是空设的，朋友客人来了都直接去二楼做客。堂屋边还有一间厢房是陆小曼父亲的房间；二楼有一个宽敞的会客厅，摆放着茶几、沙发、烟榻。二楼的亭子间是陆小曼母亲的房间，有内外两间之分，内间是陆母的卧室，外间是亲戚住的；陆小曼和徐志摩的卧室在二楼厢房的前一间，布置得极为精致，靠墙的一套红木家具上面摆设着文房四宝、古玩和四时花卉，她的私人吸烟室就设在后一间。三楼的亭子间是徐志摩的书房，仍以眉轩命名。

这些排场和北平比起来丝毫不逊色，作为高档住宅，比起那些弄堂房子和公寓房来，它们是有身份、有地位、有钱人阶层的象征。

然而这样的豪华住所一个月的房租就要将近100块大洋，若没有一笔固定的家产，是不敢住如此奢华的洋房的。

徐志摩在父亲那里没有得到任何生活费，他们二人所有的开销都是他一个人挣下的，选择这样一所住处，绝对不会是他的主意。但陆小曼几个月下来一直没有住得舒服，唯独对这座公寓情有独钟，看她那哀怜的眼神、娇弱的身体，徐志摩的心胸好似柔波一样柔软下来，点点头便答应了。

房子上的大笔开销仅仅预示着一个开始。

当爱情遭遇生活，许多美好和浪漫便如天边的云朵散尽。

在上海的生活，陆小曼和徐志摩之间发生了很多摩擦，他们的不合日益显现出来。

陆小曼从小就养尊处优，她的家庭足以支付她奢侈的开销，她游走在上流社会，交往的圈子也都是上流社会的千金小姐。在这样的环境下成长的女子，在吃穿用上都非常讲究，自然而然地养成了一名淑女名媛的做派。

她接受的是西方的新式教育，向来反对传统旧式女子的生活方式。

小时候，她依靠的是陆定的经济实力，嫁人后，依靠的是丈夫王赓的社会地位。她无忧无虑，从不为钱的事情担心。

可是徐家是商人家庭，徐申如在浙江海宁是有名的实业家。徐家经营着许多产品，例如酱园、钱庄、布号，等等，还有江浙最早的火力发电厂也是徐家开的，生意做得很大也很成功。但作为商人，他们精明而睿智。作为父母，他们单纯、传统。

一方面是西式的新女子，另一方面是旧式传统家庭的观念，他们之间的矛盾一触即发。

陆小曼天性喜好玩乐，自小也是如此一路走过，她习惯了那种轻松热闹的生活，享受那种被关注和吹捧的虚荣，而徐志摩喜欢静，喜欢去贴近大自然的安泰，喜欢诗意地理解生活，向往田野山川、小桥流水，如果可以，他宁愿携心爱之人长相厮守那农田村野，也不愿意在灯红酒绿的夜里出没。

两种性格，两种人生，却因为爱而相遇，而结合，他们能做的只是忍受，这份甜蜜背后的伤痛。

徐志摩不是官，没有权，不是富豪，没有千金可散，但陆小曼似乎完全不顾这些窘迫的现状，她仍然过着在北京一样浮华的日子，美女佳人无论在哪里都是焦点。

来上海不久，陆小曼便成为上海名媛中最夺目的淑女，她虽然已不像北平时那般有钱，但是仍在上流社会如鱼得水，这就是小曼的魅力所在。据郁达夫爱人王映霞介绍，陆小曼和徐志摩来到上海后，租住在四明村的一幢房子里，每月租金银洋一百元左右。这个数字是郁达夫家大半个月的开支。王映霞文章中说："陆小曼派头不小，出入有私人汽车。那时我们出门经常坐黄包车，有时步行。她家用人众多，有司机，有厨师，有男仆，还有几个贴身丫头。她们年轻俊俏，衣着入时，不知道的人还以为是主人家的小姐呢。陆小曼挥霍无度，想买什么就买什么，不顾家中需要不需要，不问价格贵不贵，有一次竟买了五双上等的女士皮鞋。家庭经济由她母亲掌握，她向我们叹苦经，说：

‘每月至少得花银洋五百元，有时要高达六百元，这个家难当，我实在当不了。’我听了，为之咋舌。那时五百多元，可以买六两黄金，以现在的人民币来说，要花两万元左右。达夫对小曼的挥霍，也表示不满，暗中对我说：‘小曼这样大手笔，真是害苦了志摩！’”

徐志摩，一个才华横溢的诗人，今日却为了生计奔波。温饱思淫欲，他哪还有时间精心创作？半年来，他没有出过一本诗集，只是被小曼入不敷出的开销弄得焦头烂额。

他每个月可以挣到600—1000元，这相当于现在的五万到八万元，然而尽管如此，还是不能满足陆小曼的巨大花费，每每到月末仍然要四处借钱。志摩急得像热锅上的蚂蚁，团团转，而小曼则若无其事，坦然处之。

王映霞第一次见陆小曼时，是在徐志摩、陆小曼在上海租住的家中，王映霞这样写道：“我环视卧室的四周，家具全部是红木的，陈设也极精致，有古玩，有花卉，有罗汉松，还有文房四宝之类。壁上悬挂着梁启超的主轴、刘海震的油画，也悬挂着小曼自己画的山水，相互掩映。”而且，那时陆小曼已经吸上鸦片，郁达夫带王映霞去他们家时，正碰上陆小曼和翁瑞年在榻上吸烟，当时徐志摩没有在家。翁瑞年是徐志摩的好友，会唱京戏，曾任上海江南造船厂会计主任，做房地产生意。严格地说，是个掮客，家中相当富有。他是江苏常熟人，自己不能为文，但喜欢与文化界人士接近，被胡适称为“自负风雅的俗子”。那时候陆小曼也自知吸食鸦片不好，还向王映霞解释了身体不好，不是这里痛，就是那里痛，吸食鸦片才会精神抖擞，百痛全消。

徐志摩也只能在给朋友的信中发发牢骚：

“光华东吴（大学）每日有课，一在极西，一在极东，设如奔波，隆冬奈何？”

可惜，爱情是一场马拉松，天长日久，还有许多，水千条，山万座，要如何走过？

遗失的美好

有些幸福如昙花一现。

或许只将她留在那云端，只将她遗落风里，只将她藏在记忆中，才能永远明艳，不至于褪去那随风摇曳的风情和尽情绽放的烂漫。

陆小曼和徐志摩经过重重困难终于十指相扣，步入婚姻的殿堂，他们许下了终身的誓言、爱的承诺。可是那场婚礼本身便是一种结束，生活的帷幔才刚刚拉开。

浪漫的诗人和娇媚的淑女本来就是天上的星，鹊桥的相见虽然难，却成就了牛郎织女千里相会的千古绝唱，无数的后世人为那金风玉露一相逢而感动，为那如梦佳期而许久无法平静。

然而他们因为勇敢的追求，追求那朝朝暮暮的相伴，走入了人生新的阶段。

徐志摩在爱情中如此坚持，又如此一厢情愿，他认定了陆小曼是他人生的唯一伴侣，但她身上的很多缺点，他宁愿装作看不见，只是任凭自己的想象去完美她，她是他心中永远的无瑕。他也相信爱情具有改变的能量，他要在生活中慢慢雕琢她。

然而，陆小曼有自己的思想，她不是一件玩物，任人摆布，她深爱徐志摩，但仍有自己的生活，没有人可以改变。

陆小曼奢侈糜烂的生活与徐志摩文人浪漫的性情格格不入，尽管两人都在忍让和迁就，但怎敌得过天长地久的相伴？一场孽缘终于开始盘旋。

上海，好一座忧伤又繁华的城，静安寺的钟声为谁而鸣？那佛塔巍峨高崇，穿过弄堂，绕过回廊，走近轩窗，二十几年前，在那阁内，伴着一声鸣翠的啼哭，陆小曼降临人世，从此便有抖不落的一身红尘，拂不黯的夺目辉煌。

她有明净如水的眼波，深眸里藏了多少少年往事，她一路北上，一曲舞纤罗，经历了尘世的爱与离愁、爱与相伴，又回到了这里，一座不夜城。

她常在保定剧院、夜总会这些娱乐场所的坐席呼朋引

伴，大方地请客，一掷千金地赶场、捧角、去吃大餐，家里还有佣人、司机、厨师，出入还有私人汽车，作风做派奢华至极，一个月的生活费高达五六百银元（相当于现在的两万元左右）。

陆小曼喜欢看戏，常年在高级戏院里包着雅座，还经常大方地邀请朋友们去看戏。看戏是她生活中不可缺少的一部分。徐志摩也喜欢戏，但没有达到如此痴迷的程度，对于小曼这样毫无节制的浪费，他甚至感到头疼。

陆小曼不只是看戏，她还是资深票友，在北平的时候，就经常登台献唱，还经常参加义演，这种赈灾义演是上流社会的阔太太们善于交际的手段，既体面又有面子，每次义演都少不了名角，而陆小曼就是那个压轴的大腕。

徐志摩早就已经厌倦了舞台上的咿咿呀呀，但陆小曼喜欢，看到她兴致那么高，他每次也只能鼎力支持，甚至穿上那臃肿的袍服一起登台。

一个霜浓月淡的冬夜，他渴望坐在炉火旁翻翻书、写写诗，心爱的人在眼光所能触及的地方做着淡雅的事情，这样他抬头的时候就能看见她，在灯火荧荧处，一切只如初见。而他却跟着人们来到那烟雾缭绕的戏院，满脸涂着油彩，在台上晃着脑袋、抖着身子，演着一个不重要的角色。

而陆小曼似乎完全没有感受到徐志摩对这些的不情愿，

她对戏的热情有增无减。看戏要捧角，而她更是对欣赏的角色一掷千金，毫不痛惜。尤其是喜欢那些崭露头角的小小年纪的俊俏旦角，甚至认了一些聪明伶俐的女孩做干女儿。比如袁美云、袁汉云这一对唱京戏的小姊妹，还有名声斐然的小兰芳，其中不乏有些戏子就是被她捧红的。

这些花在戏上的花销是庞大的，这叫一介书生如何承担？

他们是一对理想主义的夫妻，徐志摩没有从精明的父亲那里学到一点儿理财的技能，而陆小曼更是无忧无虑，不知理财。家庭生活的巨额开支让徐志摩叫苦不迭。

一份兼职显然不够开销，徐志摩开始东奔西跑，在光华大学、东吴大学、大夏大学、上海法学院、南京中央大学等学校四处做兼职，拼命赚钱。

陆小曼在上海生活，一点儿也不比在北京低调，她没有考虑到王赓与徐志摩在财产上的差距。

她过去有的，现在同样不少：出入有私家车，家里佣人众多，有司机、厨师、男仆、丫头……

她要，他便给，只要他给得起。

陆小曼每次出门都是锦绣罗衫，白湖绉裙，淡抹胭脂，好似娇艳的琼花，妖娆动人。而围在她身边的贴身丫头更是妙龄俊俏、清雅绝俗，姿容秀丽无比，侍奉在小曼身边，翩若惊鸿，婉若游龙，不知道的人竟以为是哪家的小姐。

所有的花销加在一起，每个月平均下来要花上五六百元。

那时的五百多元可以买六两黄金，相当于现在两万元人民币，如此巨额的开销，从前，王赓从来不计较，因为他完全有能力来支付这些消费，但徐志摩不同，他只是一个教书匠，是文人，他的每一分钱都是实实在在的血汗钱。

但有妻如此，他又能作什么选择？只能宠着她、顺着她，因为他爱她，爱之深，情之切，他甘愿忍受这生活的重担。

徐志摩往返于上海、南京、杭州、北京等地，在光华大学、东吴大学、上海法学院、南京中央大学、北京大学四处兼职，他还办了书店、杂志，还给编辑翻译图书，用他最大的精力去挣钱，每个月可以赚到600~1000元，这是他的极限。

可怜世人叹惋，眼看一代才华横溢的诗人，如今为了铜臭而无奈折腰。

在徐志摩的眼中，钱已经渐渐爬到了一个非常重要的位置。他无论作什么选择，都会将报酬看做重要参考指标，他纯净的灵魂正在遭遇俗世的啃食，他浪漫的才情正在被岁月消磨，他那些最动听的诗篇、最单纯的辞藻不知在哪个角落奄奄一息。

而陆小曼似乎仍然沉迷在自己的世界中，或许她根本就不知道赚钱的不容易，因为她自小便衣食无忧，被父母含在口中，嫁人后被王赓捧在手里，她对于物质的追求只是一种习惯，她没有过多地考虑到徐志摩的艰辛。

陆小曼捧角时经常一掷千金，尤其是那些唱戏的小姑娘，远而望之，皎若月光笼薄纱，近而察之，静若芙蓉漾绿波。

在她们的身上，小曼仿佛看到了自己的影子，那一声声“姹紫嫣红开遍，似这般都富裕断井颓垣，良辰美景奈何天，赏心悦事谁家院！”梦回莺啭，孤鹜与彩霞齐飞，人生如戏，看尽那韶光贱，看那戏台上的年轻容颜，似兮若轻云之蔽月，飘飘兮若流风之回雪。

不知不觉，小曼又梦回与徐志摩同台演的那出《春香闹学》，那些顾盼流离、情意绵绵仍然滋润着她的心。就是那一夜，曲终人散，徐志摩拉住了她的手，倾诉衷肠；就是那一夜，良辰美景，小曼深深地吻住了徐志摩，双双坠入爱的火焰。

小曼仍然觉得甜蜜，但又会忧伤，徐志摩每天奔波在外，很少再能像从前那样陪陪她、看看戏、听听曲，甚至是登台表演，那些流年一去不复返，任此时关情似往日，也都付在那一炷燃尽的沉烟里。

小曼身边总有一些朋友相拥，她去戏院，去赌场，去大饭店，她穿的漂亮衣服一度引起追捧的潮流，那些从外

国买回来的高档商品也只有小曼才能演绎其中的高贵气质，她喜欢，徐志摩便满足她，有一次好友刘海粟出国，徐志摩便写信给他，希望他能为小曼带一些DonMarche的绸丝帕。

而陆小曼似乎也习惯了这种供养，喜欢就买，也不考虑价钱，有一次义演，需要一副堂幔做一副行头，这些东西本来是可以借着用的，可是她的戏票朋友，如江小鹣、翁瑞午、唐瑛都有属于自己的行头，自然是碍于面子，小曼也要有自己的一套，便央求徐志摩给她买。

可是，置这些行头是需要很大一笔钱的，徐志摩当月的薪水已经领取，没有财源，小曼想到了恩厚之给他们的那笔作为旅费的钱，说可以先挪用一下，过后再补上，徐志摩当然不同意，这是作为他们日后出国留学的钱，现在用它来买这些毫无用处的行头岂不是辜负了朋友的良苦用心？

但耐不住小曼的软磨硬泡，徐志摩还是挪用了这笔钱，满足了小曼的虚荣心，可是自己心里却十分难受，小曼的挥霍无度终于触动了他的底线，许多的苦涩涌上心头。

古往今来，男人都希望妻子贤良温婉、相夫教子。

徐志摩也同样希望陆小曼可以辅助自己的事业，更可以有自己的事业。

一路上，他苦苦追寻的爱人应该是一个自由而鲜活的灵魂，那是一个灵魂的伴侣，纯净而美好。

他追求的是爱的能量的爆发，追求的是闲云野鹤与美人相伴的逍遥，可陆小曼似乎并不是他想象中的模样，自己也在岁月的闸刀下失去了原来的模样。

他每日只为生计奔波，那些曾经美好的追求已经被压抑在千崖谷底，被遗忘在深深的记忆中，偶尔发出一声长长的叹息，哀婉而悲恸。

这时候陆小曼其实也有很多婚后的苦恼。有次她对王映霞说："照理讲，婚后生活应该过得比过去甜蜜而幸福，实则不然，结婚成了爱情的坟墓。志摩是浪漫主义诗人，他所憧憬的爱，是虚无缥缈的爱，最好永远处于可望而不可即的境地，一旦与心爱的女友结了婚，幻想泯灭了，热情没有了，生活便变成了白开水，淡而无味。志摩对我不但没有过去那么好，而且干预我的生活，叫我不要打牌，不要抽鸦片，管头管脚，我过不了这样拘束的生活。我是笼中的小鸟，我要飞，飞向郁郁苍苍的树林，自由自由。"

第八章　一缕云烟早已桑田

躲避，逃避

1928 年，徐志摩第三次出游欧洲，那本应该是两人一起赴欧的求学之旅，如今却变成他一个人的逃避之行，他已经被生活的枷锁步步紧逼，身后已是万丈悬崖，他已经被现实深深打击，内心的桃源深处如死一般沉寂。

孤独，恐惧。

惆怅，弥留。

希望，绝望。

因为心中还有爱，所以他选择忍受。每次回到家中，已经没有了新婚的温存、娇妻的相迎一吻，那一吻胜过千言万语的苍白，那是等待他回家的急切心情的一种表达，

那是一种感情的最有力量的传递。

在徐志摩眼前的是现实，是与他理想中的情景差之千里的刺痛。空荡荡的大厅没有一点儿生气，吸烟室里烟雾缭绕，小曼或是自己，或者跟翁瑞午一起躺在烟榻上吞云吐雾。

糜烂的气息让徐志摩的心快要无法呼吸，他决定出国去寻找新的气息，让污浊的大脑和心重生。

尽管此时，小曼的母亲刚刚去世，但他已经不能再等，因为这凝固的空寂也快要杀死他。

陆小曼并没有挽留，一如以往的云淡风轻。

这是徐志摩第三次出国，前一次，也是为了躲避，这一次更像是逃避。

每一次，他都怀揣着一个期待，可每一次，期待都变成绝望。三年前，临行前，他期待回国后陆小曼已经同王赓离婚，回国后却发现事态更加糟糕。三年后，临行前，他期待回国后陆小曼脱离堕落的生活，重新回到那纯真静好的流年。

时光荏苒，一切都在变。

光阴流年，唯有爱不变。

在旅途中，徐志摩写了近100封信给陆小曼，那些信仍然字字如金，浓情蜜意，他劝小曼振作，开始新的生活，然而陆小曼却并没有任何改变，甚至连徐志摩的信都不回。

徐志摩一路走，一路痛苦、惆怅、失落。一直追求的爱的伴侣并不像想象中的那样美好，现在想一想，一切都好像是泡影一样留在心中，曾经五彩斑斓的梦碎了一地。

他再一次来到康桥，回到这梦起航的地方，心中一股暖意又涌上心田。是谁曾经在那桥头楚楚含情地回眸一笑？是谁在那阑珊夜色中轻轻叩开了情窦的门扉？是伊人，是过客，佳人早已经远去，只留他一个人伫立在桥头，望着桥下的河水，放逐柔波。

绕了一个大圈，他还是回到了原点。林徽因是那个开启他心扉的天使，而陆小曼才是他真正追求的伴侣。每个人都有自己的宿命，徐志摩想想自己今天的生活，只能无奈地叹了一口气。

他只能用耐心去开导，用爱去化解，用一生去守护这段来之不易的婚姻。

五个月后，徐志摩归来，归来的途中，他写下了那首脍炙人口的诗篇：

《再别康桥》

轻轻地我走了，
正如我轻轻地来；
我轻轻地招手，
作别西天的云彩，

那河畔的金柳，
是夕阳中的新娘。
波光里的艳影，
在我的心头荡漾。

软泥上的青荇，
油油的在水底招摇；
在康河的柔波里，
我甘心做一条水草。

那榆荫下的一潭，
不是清泉，是天上的虹，
揉碎在浮藻间，
沉淀彩虹似的梦。

寻梦？撑一只长篙，
向青草更青处漫溯，
满载一船星辉，
在星辉斑斓里放歌。

但我不能放歌，
悄悄是离别的声箫；

夏虫也为我沉默，

沉默是今晚的康桥！

悄悄地我走了，

正如我悄悄地来；

我挥一挥衣袖，

不带走一片云彩。

这次出国，徐志摩收获很多，见到了狄金森、傅来义以及罗素全家，还参观了泰戈尔的助手恩厚之的达廷顿庄园，并且还一并去印度拜访了泰戈尔。

在泰戈尔的陪伴下，徐志摩参观了泰戈尔建立在大自然怀抱里的国际大学，并且应邀做了有关孔夫子的讲座。

终于结束了五个月的海外旅行之后，11 月上旬，徐志摩回到了上海。但是，令他失望的是，再踏入那久别重逢的家中，一切就像他刚刚离开的样子，毫无改变，除了陆小曼更加憔悴清瘦了。

他抱起烟榻上的陆小曼，红泪湿满衣襟，身后还是白衣飘飘的纯真，身前却是满目疮痍的死寂，他感觉正在失去，失去那深藏在眼角中的深情，失去那掩在罗裙中的浓意。

那曾经日夜凝望的脸庞明明就在眼前，却模糊虚幻。那倾城的容颜也渐行渐远，化作一汪春水，化作一缕云烟，化作一丝薄雾，只留徐志摩一人在原地发呆。

刹那间，沧海桑田。

从欧洲回来不久，泰戈尔发来电报说要亲自到徐志摩的家中做客。

这对于徐志摩和陆小曼来说都是一件天大的好事，泰戈尔在当时的名气非常大，以至于很多学术机构和文化团体都费尽心思也请不到他，更别说是这种私人交往。

泰戈尔对待徐志摩，一直以来都好像慈父一般，而徐志摩也一直称呼泰戈尔为“老戈爹”，但受到这样的待遇，徐志摩夫妇仍然吃了一惊，连忙为了大诗人的到来而作各种准备。

之前在欧洲见面的时候，徐志摩就向“老戈爹”述说过自己婚姻中的苦恼，老人家也是百感交集。想到几年前来中国的时候，站在徐志摩身边的还是林徽因，看着这对才子佳人，老人曾经从中撮合，但没有成功。时间一晃，现在已经物是人非。

当泰戈尔见到陆小曼的时候，聪明伶俐的小曼赢得了老人的喜爱。

起初，泰戈尔还没到的时候，小曼细心地准备了一间有印度风格的房间，但是泰戈尔来到他们的三层公馆后，更加喜欢徐志摩和陆小曼那中国特色十足的卧室，于是，陆小曼命人将他们的东西搬出来，为老诗人腾出房间。

这段时间，陆小曼尽心尽力地在家里陪伴着泰戈尔，她推掉了一切交际活动，温顺贤惠地扮演好徐志摩夫人的角色，让老诗人深深感受着东方式的温情和中国式的天伦之乐。

陆小曼的付出，徐志摩看在眼里，心里十分感动，他心中那个善解人意的陆小曼又回来了，而她的表现也赢得了泰戈尔的喜爱，在泰戈尔的眼里，陆小曼是一位温婉动人、富有东方气质的女子，她流利的英语更加让泰戈尔印象深刻。

在这段云卷云舒的悠闲日子里，这个“三口之家”其乐融融。

老人的到来，为这个家庭填补了许久没有过的温情。老人时常抚着陆小曼的头叫她小孩子，还会给她讲一些有趣的印度趣闻和故事，给她背诵自己的诗歌，还有一次，竟然意兴阑珊，提起毛笔为徐志摩和陆小曼二人作了一幅画。

画面是一个十分抽象的大山的轮廓，其实那就是他的自画像，他在画旁提了一首小诗：

小山盼望变成一只小鸟，

摆脱它那沉默的负担。

这其实是老人暗示陆小曼，徐志摩现在的负担和压力，聪明的陆小曼应该一目了然其中的玄机，也感受到老人对他们的关心和良苦用心。

在一次由印度人组织的酒会上，泰戈尔向众人介绍陆小曼的时候说，她是他的儿媳妇，可见泰戈尔对陆小曼的认可和喜爱。

泰戈尔回国的时候，脱下自己的长袍披在了徐志摩的身上，然后才依依不舍地上了船，这深厚的感情不言而喻。

只留下徐志摩和陆小曼在岸边久久不肯离去。

老诗人送给了陆小曼三件礼物：一只用头发与金丝线绞成的手镯、一块印度风格的丝质头巾和一张精美的床单大小的包书纸。

这一次分别也是永别，谁也不曾预料到不久后，徐志摩便坠机遇难，他们再也没有见过面。

徐志摩逝世近十年，正好赶上泰戈尔 80 岁的生日。

陆小曼写下了《泰戈尔在我家》这篇文章为老人祝寿，这是一篇感人至深的文章，也是代徐志摩写的，这是对“父亲”的祝福。

关于泰戈尔，陆小曼有一件让她抱憾终生的憾事。

那是 1949 年，泰戈尔的孙子在北京大学留学的时候通过写信试图找过陆小曼，希望陆小曼可以给他几本徐志摩的诗和文章，然而那个时候刚好赶上陆小曼重病，家人等到她的病情有所好转才给她看，她看到信的时候，泰戈尔的孙子已经离开了北京大学，从此以后便失去了联系。

泰戈尔就像一阵清风，抚慰过他们的婚姻，温暖过他们的爱情，寄托过他的挂念。而借这位德高望重的老人的眼，我们也看到了陆小曼贤良淑德的另一面。

他在北，她在南

1931 年，徐志摩的好朋友胡适等人怕他再这样下去毁了自己，便苦苦相劝他来北平做事。

而此时的徐志摩却是已经身心疲惫，每日看着小曼沉迷在那糜烂的生活中无法自拔，又不听劝告，他几次心灰意冷，却又于心不忍。

在朋友们的执意要求下，徐志摩终于决定逃离上海，开始一段全新的生活，他认为如果陆小曼能同他一起回到北平的话，一定可以改变她在上海沾染的坏习惯和吸食鸦片的恶习，所以让她去北平。

然而陆小曼执意不肯随徐志摩回北平去，任他千般万般的恳求，每次陆小曼的回答都很坚决。

徐志摩一气之下，辞掉了上海、南京等地的工作，一个人回到了那古老的皇城根——北平。

这才是他的圈子，有新月社的老朋友，有文人的茶话会，有志同道合的朋友，有慕名而来的学生，有他似曾相似的味道，有他恍如隔世的记忆。

他总是不知觉地走到那个石虎胡同里。

一阵风吹来，满城的柳絮，纷落的思念挂在树梢上。

巷口，他看到和小曼第一次相拥在那个巷口，她那样轻盈，那样快乐，可是那个女子哪里去了？他的梦，他的伊人，他的蒹葭，哪里去了？

抹不去的忧伤，道不尽的苍凉，像倒戈的铁马踏在心房，像回旋的箭，将他射伤。

有一种疼，让他痛断肝肠。

七号松坡图书馆的灯还亮着，那里又住了谁？曾经在那里，小曼从家里偷偷跑出来等了他一天，直到傍晚，徐志摩才回来，看到小曼，他的心便有了力量。可如今物是人非，那灯光下的人影又是哪般情意荡漾？

有一种伤，落地无声。

日日夜夜，不休地期盼，谁在用一曲笙歌召唤那失去不再的年华？谁在用缱绻的月光招引那刻骨铭心的思念？谁在用一尾夕阳暗示那纯净美好的相恋？谁在用一纸红笺

记忆那春暖花开的梦？

他曾经感叹过，爱情让他文思泉涌，陆小曼是他灵感的源泉，而如今，婚姻生活的种种问题，让他感到文辞的匮乏。

拼命地工作赚钱、辛苦奔忙，占去了他生活的大部分时间，已经没有精力去理会庭前花开、耳边风声、苍茫月色，生活中所有美丽的细节已经没有心情再去理会，陆小曼的奢侈生活折磨着他，压抑着他，烦恼着他。

曾经那些美好的情思和纠缠人心的思念都渐渐远去。

一切都已成往事，情却难了，而那些旧时的月色和心梦还一如以往。

徐志摩写信给陆小曼，乞求她一起来北平。他对她现在只剩下这一点儿乞求，也是他最后的希望，而小曼给他的只是绝望。

小曼不肯离开上海，她已经成了上海的一部分，她的生活、她的朋友、她的习惯、她的病、她的一切，甚至包括翁瑞午，她不愿意离开。

细细想来，陆小曼不愿意离开，除了对翁瑞午的依赖以外，还有两个容易被人忽视的原因。

第一个原因是北平对于她来说，是一个梦魇。当初为了和徐志摩结合，背弃了前夫王赓，忍受了多少流言蜚语的诽谤，顶着多少谩骂和反对之声，她坚强地走过来，因为徐志摩的陪伴，因为爱情的曙光所赐予的力量。

而如今，已经离开多年，再回去，必然又是一场风波，更何况，他们的生活并不十分美好，又免不了接受别人的品头论足，虽然陆小曼一直我行我素，不在乎别人的看法，但那些言论还是像一把把刀子，刺痛着她的神经。

第二个原因是林徽因。北平有个林徽因。

那个一样才华横溢的女子，是陆小曼心中挥之不去的一道伤痛。她可以容忍徐志摩跟任何女人亲近暧昧，却唯独不能接受林徽因。她曾经说过，她不在意他身边的任何女子，除了林徽因。

每每徐志摩的信里提到林徽因的名字和她的近况，陆小曼的心里就十分不安。害怕是因为不自信，陆小曼在林徽因的面前是不自信的，林徽因具有徐志摩喜欢的一切品质，她有自己的事业，有自己的名声，一切纯洁而美好，这些都是陆小曼所没有的。

她只能任性地反抗北平，其实那只不过是一种卑微地守护着属于自己尊严的方式。

而徐志摩觉得小曼不在乎他，大事小情都可以顺着她，但是对于共同去北平这件事，来，便意味着他们还有转机，不来，便意味着小曼选择了放弃。

陆小曼也觉得徐志摩不在乎她，每天在外忙碌，很少回家，这和与王赓在一起的那些日子没什么两样。

陆小曼收到徐志摩的来信，字里行间都充满了埋怨，不知道从什么时候开始，徐志摩的信里开始少了那些情意缠绵的情话，多了很多命令、很多绝望，甚至哀求，小曼看着那些文字，看着那些段落、那些似曾相识的字迹，不知觉地就模糊了双眼。

上海和北平相隔青山万里，淡烟暮霭相遮蔽，那些北平的如烟往事与倾注的年华，又何尝不梦绕着她？这个性情刚烈的女子当年的情深意切，如今怎么会如此淡漠无情？她为了爱，可以用命来偿换，为了徐志摩，可以忍受万箭穿心的痛！这样的情，怎能忍心就此抛在身后，任凭它如烟涣散？

她不愿意去北平，那是一座伤心的泪城。梦回莺啭，几度春好，却只是心中有些许的无奈，她有太多不愿提及的旧事藏在那座城墙之内，墙上爬满了蔷薇花，花香淡淡地引着她再次回到那布满梦魇的荆棘丛林。

一身戎装的男子手执一把黑枪，对着小曼的胸膛，那眼神中有太多的哀怨，那泪痕从何而来？沾湿了你俊秀的脸庞？少年，你在为谁忧伤？小曼的话音刚落，子弹便穿进胸膛，她的灵魂离开身体，她看见那红色的鲜血在那躯体上开了一朵硕大的莲花，浸染那层层白纱，像水墨一样渐渐漾开，那些明艳的红让她如此熟悉，渐渐回忆起多年前，“海军联欢社”里，她轻挽着王赓的手臂，脸上烧的正是这样一团红，身上着的正是这样一件纱。

这样的画面总是萦绕在梦中，小曼一个人守着窗，等到黎明将黑夜驱散，才肯睡去。

陆小曼始终是善良的，她心中始终有愧，那座城池就像是那个梦魇中的丛林，处处是致命的荆棘，那些从前的流言蜚语，那些小报上的恶语中伤，曾经可以一笑了之，如今却如千刀万剐，痛到肝肠。

她不与人说起，只是将痛苦留在心中，因为那些伤没有人可以帮忙治疗，那是自己欠下的债，只能自己来偿。

她整日将自己迷醉在戏中，在他人的戏里找自己，用自己的人生演绎一出戏。

“夕阳古道无人语，禾黍秋风听马嘶。我为什么懒上车儿内，来时甚急，去后何迟？”

匆匆跟随你的脚步，却在爱的酣畅里迷失了你的身影。是缘分尚浅？还是天意弄人？相爱易，相守难。

他在北，她在南。

点着同一盏深夜的灯，

望着同一个孤独的亮，

追随着同一片过往的云烟，我们都被抛在红尘中，人仍在，情未了，爱难收，那奔流的岁月究竟带走了什么？

一直到1931年的暑假，短短的四个月里，徐志摩在北平和上海之间来回奔波了八趟之多，那时从北平到上海之

间的航线已经开通，来回也不过几个小时，可是小曼一次也没有来过。

似乎徐志摩只是一个过客，有与无已经没有那么重要了。

每次徐志摩回来，小曼都会很开心，走了也会很难过，但那些情绪如蜻蜓点水而过，纸醉金迷的生活很快就平复了那些微微荡漾的情绪。鸦片可以麻醉所有的伤口，包括心中的痛。

佛说一花一世界，一叶一菩提。

所有人都是命中注定的尘埃，我们祈求上苍，如果时间逆转，我们会更加珍惜，如果光阴倒流，我们会重新回到原点。

但一尘一劫，你我谁都逃不掉。

1931 年 11 月 19 日，徐志摩坠机，鲜血流淌在那片陌生而孤独的地方，击碎了一个陈年旧梦。

谁也不相信徐志摩会离开得如此突然，但第二天的《晨报》上，那条醒目的消息却如此真实，震惊着世人，他真的离开了，像一只蝴蝶潇潇洒洒地飞走了。

1931 年 11 月 20 日，北平的《晨报》上这样写道：

哀平北上机肇祸，昨日在济南坠落！机身全焚，乘客司机均烧死。天雨雾大误触开山。

【济南19日专电】19日午后二时，中国航空公司飞机由京飞平，飞行至济南城南州里党家庄，因天雨雾大，误触开山山顶，当即坠落山下，本报记者亲往调查，见机身全焚毁，仅余空架，乘客一人，司机二人，全被烧死，血肉焦黑，莫可辨认，邮件被焚后，邮票灰仿佛可见，惨状不忍睹……

下午，北平《晨报》又发了号外：

诗人徐志摩惨祸

【济南20日5时40分本报专电】京平航空驻济办事所主任朱风藻，20日早派机械员白相臣赴党家庄开山，将遇难飞机师王贯一、机械员梁壁堂、乘客徐志摩三人尸体洗净，运至党家庄，函省府拨车一辆运济，以便入棺后运平，至烧毁飞机为济南号，即由党家庄运京，徐为中国著名文学家，其友人胡适由北平来电托教育厅长何思源代办善后，但何在京出席四全会未回。

字字见血，不能不信，所有听到这噩耗的人都悲恸不已，斯人已去，无处寻觅，什么时候能再见呢？

他已登蓬莱之阁，再也不用为这尘世烦恼了。

昨天还朝气蓬勃的徐志摩，今天已经安静地躺在一座小庵中了，这座小庵原来是个卖窑器的店铺，院子里堆放着大大小小的坛坛罐罐。

徐志摩的遗体停放在庵内入门左边贴墙的一侧。

在济南中国银行工作的一位姓陈的办事人员早就已经将他的遗体装殓得干净整洁了。

按照当地民间寿衣的样式，他给徐志摩穿了件蓝色的绸布长袍，上罩一件黑马褂，头戴红顶黑绸小帽，露出掩盖不住的额角，左额角有个李子大小的洞，这显然是他的致命伤，他的眼睛微微张开，鼻子略微发肿，门牙已脱落，静静地躺在那里。

梁思成、金岳霖、张奚若三人于11月22日上午九时半赶到济南，在齐鲁大学会同乘夜车到济南的沈从文、闻一多、梁实秋、赵太侔等人，起赶到福缘庵。

梁思成带来一只用铁树叶做主体缀以白花的小花圈，这只具有希腊风格的小花圈，是林徽因和他流着泪编成的，徐志摩的一张照片镶嵌在中间，照片上的徐志摩是那样充满灵性，生龙活虎，而现在已成古人。人生的渺茫和命运的不可知，就像这凄风苦雨，让人感到悲凉。

下午五时，徐志摩的长子徐积锴和张幼仪的哥哥张嘉铸从上海赶到济南，朱经农夫妇也来了，晚八时半，灵柩装上了一辆敞篷车，将由徐积锴、张嘉铸、郭有守等人护送回沪。

在返回北平之前，梁思成悄悄捡起了“济南号”飞机残骸的一块小木板，珍贵地放进自己的提包里，这是林徽因再三叮嘱的。

徐志摩的灵柩运到上海万国殡仪馆，上海文艺界在静安寺设奠，举行追悼仪式，吊唁的人络绎不绝，许多青年学生排着队来瞻仰这位中国的拜伦。

北平的公祭设在北大二院大礼堂，由林徽因主持安排，胡适、周作人、杨振声等到会致哀，京都的社会贤达和故友纷纷题写挽联、挽诗和祭文。

这每一字、每一句，如遥远的钟声阵痛人心。

徐志摩像一只飞鸟滑落，他痴情一生，钟爱一生，潇洒一生，无畏一生，率真一生，放逐一生……他的生命太绚烂，现在正迂缓地、漫长地回荡着，在每一个见过他的人心间，在每一个读过他诗词的人中间。

他翩然而去，一生痴情，一生钟爱，一生潇洒，一生无畏，一生率真，一生放逐……他的生命太短暂，现在正用追悼的时间解开那时间的枷锁，让短暂成为永恒。

他的诗，感染了多少人，净化了多少色彩，打破了多少事故，让世俗汗颜。

他给过这大千世界一小股勇敢的力量，虽然不足以撼动天地，却令无数人动容，化解了许多爱恨纠葛。

每个人都用自己的方式来寄托对这位诗人的哀思，却唯独将那最痛苦的一个人挡在门外，这个人就是陆小曼。

徐志摩的父亲徐申如固执地认为是陆小曼害死了徐志摩，不让她来参加葬礼。

锦水汤汤，与君长诀！

心若在，人鬼两未茫。千里孤冢话凄凉，万般悔恨只惆怅，情深不能忘。

晚妆罢，抚琴请君听。簌簌纷扰梧桐雨，初闻雨定又愁容，落红染空城。

生死隔，红尘追流年。烟波化水碧若销，银汉难通湿青衫，孤枕不成眠。

憔悴损，梳妆只为君。天上人间难再见，飞星暗度愫愫情，未梦一片愁。

破碎的浮云

在那天地的尽头，你是否在听这些亲友的哀思？

在那遥远的云端，你是否在等那个你挚爱的人？

在你的耳鬓边，在我的衣袖里，在心里，在梦里，早已经约好了，前世今生的约定，默契地重逢在秘密的地方，自由地飞舞。

青天、白云、芳草、绿汀，是最初的地方么？

你伸出雪白的羽，在高空中飞舞。你追求一世的安宁终于在这和谐的静定中实现了。

徐志摩在散文《想飞》中曾经写过那样一段话："同时天上那一点子黑的已经迫近在我的头顶，形成了一架鸟

形的机器，忽的机沿一侧，一球光直往下注，砰的一声炸响——炸碎了我在飞行中的幻想，青天里平添了几堆破碎的浮云。”

难道一切早已经预料？青天里平添了几堆破碎的浮云？

窗外冷雨如麻，雨滴滴答答地在屋顶敲打，正如这屋内的啜泣。雨水从房檐处垂落下来宛若一幅幅挽联，就连天也给你送来追念，如此凄清，如此悲凉。

徐志摩去世后一个月，陆小曼终于在那昏沉沉的日子里如梦初醒，提笔写下了对他的所有思念，当那些感情跃然纸上的时候，才再一次震惊自己爱得如此深，如此难以自拔。

《哭摩》

我深信世界上怕没有可以描写得出我现在心中如何悲痛的一支笔。不要说我自己这支轻易也不能动的一支，可是除此我更无可以泄我满怀伤怨的心的机会了，我希望摩的灵魂也来帮我一帮。苍天给我这一霹雳直打得我满身麻木得连哭都哭不出，浑身只是一阵阵的麻木。几日的昏沉直到今天才醒过来，知道你是真的与我永别了。摩！别说是你，就怕是苍天也不能知道我现在心中是如何的疼痛，如何的悲伤！从前听人说起‘心痛’，我老笑他们虚伪，我想人的心怎会觉得痛？这不过说说好听而已，谁知道我今天才真的尝到了这一阵阵心中绞痛似的味儿了，你知道么？曾记得当初我只要稍有不适即有你声声在旁慰问，咳，如今我即使痛死也再没有你来低声下气地慰问了。摩，你是真的忍心永远地抛弃我了么？你从前不是说你我最后的呼吸也须要连在一起才不负你我相爱之情么？你为甚不早些告诉你是要飞去呢？直到如今我还是不信你真的是飞了，我还是在这儿天天盼望着你回来陪我呢，你快点儿将未了的事情办一下，来同我一同去到云外去优游去吧，你不要一个人在外逍遥，忘记了闺中还有我等着呢？

这不是做梦么？生龙活虎似的你倒先我而去，留着一个病恹恹的我单独与这满是荆棘的前途来奋斗。志摩，这不是太惨了么？我还留恋些什么？可是回头看看我那苍苍白发的老娘，我不由一阵阵只是心酸，也不敢再羡你的清闲、爱你的优游了，我再哪有这勇气去丢她这个垂死的人而与你双双飞进这云天里去围绕，灿烂的明星跳跃，忘却人间有忧愁、有痛苦，像只没有牵挂的梅花鸟。这类的清福怕我还没有缘去享受！我知道我在尘世间的罪还未满，尚有许多的痛苦与罪孽还等着我去忍受呢。我现在唯一的希望是你倘

能在一个深沉的黑夜里静静凄凄地放轻了脚步走到我枕边给我些无声的私语，让我在梦魂中知道你！我的大大是回家来探望你那忘不了你的爱着了，那时间，我决不张皇！你不要慌，没有人会来惊扰我们的。多少你总得让我再见一见你那可爱的脸，我才有勇气往下过这寂寞的岁月，你来吧，摩！我在等着你呢。

事到如今，我一些也不怨，怨谁好？恨谁好？你我五年的相聚只是幻影，不怪你忍心去，只怪我无福留，我是太薄命了，十年来受尽千般的精神痛苦、万样的心灵摧残，直将我这一颗心打得破碎得不可收拾！到今天才真变了死灰的了也再不会发出怎样的光彩了。好在人生刺激与柔情我也曾尝味，我也曾容忍过了。现在又受到了人生最可怕的死别。不死也不免是朵憔萎的花瓣再见不着阳光晒，也不见甘露漫了。从此我再不能知道世间有我的笑声了。

经过了许多的波折与艰难才达到了结合的日子，你我那时快乐得忘记了天有多高，地有多厚，也忘记了世界上有忧愁二字，快活的日子过得与飞一般的快，谁知道不久我们又走进愁城。病魔不断地来缠着我，它带着一切的烦恼，许多的痛苦，那时间，我身体上受到不可言语的沉痛，你精神上也无端地沉入忧闷，我知道你见我病身呻呻、转侧床第，你心坎里有说不出的怜惜，满肠中有无限的伤感，你虽慰我，我无从使你再有安逸的日子，摩，你为我荒废了你的诗意，失却了你的文兴，受着一般人的笑骂，我也只是在旁默默自恨，再没有法子使你像从前那样欢笑。谁知你不顾一切地还是成天安慰我，叫我不要因为生些病就看得前途只是黑暗，有你永远在我身边不要再怕一切无味闲论。我就听着你静心平气的养，只盼着天可怜我们几年的奋斗，给我们一个安逸的将来，谁知到如今一切都是幻影，我们的梦再也不能实现了，早知有今日，何必当初你用尽心血地将我抚养呢？让我前年病死了，不是痛快得多么？你常说天无绝人之路，守着好了，哪知天竟绝人如此，哪儿还有我可以平坦着走的道儿？这不是命么？还说什么？摩，不是我到今天还在怨你，你爱我，你不该轻身，我为你坐飞机，吵闹不知几次，你还是忘了我的一切叮咛，瞒着我独自飞上天去了。

完了，完了，从此我再听不见你那叽咕小语了，我心里的悲痛你知道么？我的破碎的心留着等你来补呢，你知道么？唉，你的灵魂也有时归来见我么？那天晚上，我在朦胧中见着你往我身边跑，只是一霎眼就不见了，等我跳着、叫着你，再也不见一些模糊的影子了，咳，你叫我从此怎样度此孤单的岁月呢？真

是叫天天不应，叫地地不响，苍天因何给我这样残酷的刑罚呢！从此我再不信有天道、有人心，我恨这世界，我恨天、恨地，我一切都恨，我恨他们为什么抢了我的你去，生生地将我们一颗碰在一起的心离了开去，从此叫我无处去摸我那一半热血未干的心，你看，我这一半还是不断流着鲜红的血，流得满身只成了个血人，这伤痕除了那一半的心回来补，还有什么法子叫她不滴滴地直流呢？痛死了有谁知道？终有一天流完了血，自己就枯萎了。若是有时候你清风一阵地吹回来见着我成天为你滴血的一颗心，不知道又要如何的怜惜、何等的张皇呢！我知道你又看直着两个小猫似的眼珠儿乱叫乱叫着，看，看，得了，我希望你叫高声些，让我好听得见，你知道我现在只是一阵阵糊涂，有时人家大声地叫着我，我还是东张西望不知道声音是何处来的呢，大大，若是我正在接近着梦境，你也不要怕扰了我梦魂像平常人的不敢惊动我，你知道我再不会骂你了，就是你扰我从此不睡我也不敢再怨了，因为我只要再能得到你一次的扰，我就可以责问他们因你骗我说你不再回来，让他们看看我的摩还是丢不了我，乖乖地又回来陪伴着我了，这一回我可一定紧紧地搂抱你再不能叫你飞出我的怀抱了。天呀！可怜我，再让你回来一次吧！我没有得罪你，为什么罚我呢？摩！我这儿叫你呢，我喉咙里叫得直要冒血了，你难道还没有听见么？直叫到铁树开花、枯木发声，我还是忍心着等，你一天不回来，我一天地叫，等着哪天没有了气，我才甘心地丢开这唯一的希望。

你这一走不单是碎了我心，也收了许多朋友不少伤感的痛泪。这一下真使我们感觉到人世的可怕、世道的险恶，没有多少日子竟会将一个最纯白、最天真的一个不可多见的人收了去，与人世永诀。你也许到了天堂，在那儿还一样过你的欢乐日子，可是你将我从此就断送了，你从前不是说要我清风似地常在你的左右么？好，现在倒是你先化作一阵清风飞去天边了，我盼你有时也吹回来帮着我做些未了的事情，要是你有耐心的话，最好是等着我将人事办完了同着你一同化风飞去，让朋友们永远只听见我们的风声而不见我们的人影，在黑暗里我们好永远逍遥自由地飞舞。

我真不明白你我在佛经上是怎样一种因果，既有缘相聚，又因何中途分散？难道说这也有一定的定数么？记得我在北平的时候，那时还没有认识你，我是成天地过着那忍泪假笑的生活，我对人老含着一片至诚纯白的心而结果反遭不少人的讥诮，竟可以说没有一个人能明白我、能看透我。一个人遭着不可言语的

痛苦，当然不由得生出厌世之心，所以我一天天的只是藏起了我的真实的心而拿一个虚伪的心来对付这混浊的社会，也不希望再有人来能真直地认识我、明白我。甘心愿意从此自相摧残的怏怏了此残生，谁知道就在那时候遇见了你，真如同在黑暗见着了一线光明，垂死的人又透了一口气，生命从此转了一个方向。摩摩，你明白我，真可算是透彻极了，你好像是成天钻在我的心房里似的，直到现在还只是你一个人是真的还懂得我的。我记得我每遭人辱骂的时候你老是百般地安慰我，使得我不得不对你生出一种不可言喻的感觉，我老说，有你，我还怕谁骂、你也常说，只要我老明白你，你的人是我一个人的，你又为什么要去顾虑别人的批评呢？所以我哪怕成天受着病魔的缠绕也再也不敢有所怨恨的了。我只是对你满心的歉意，因为我们理想中的生活全被我的病魔打破了，连累着你成天也过那愁闷的日子。可是两年来，我从未见你有一些怨恨，也不见你因此对我稍有冷淡之意。也难怪文伯要说，你对我的爱是 Complete and true 的了，我只怨我真是无以对你，这，我只好报之于将来了。

我现在不顾一切往这满布荆棘的道路上去走，去寻一点真实的发展，你不是常怨我跟你几年没有受着一些你的诗意的陶镕么？我也实在是惭愧，真也辜负你一片至诚的心了，我本来一百个放心，以为有你永久在我身边，还怕将来没有一个成功么？谁知现在我只得独自奋斗，再不能得你一些相助了，可是我若能单独闯出一条光明的大路也不负你爱我的心了，愿你的灵魂在冥冥中给我一点勇气，让我在这生命的道上不感受到孤立的恐慌。我现在很决心地答应你从此再不张着眼睛做梦躺在床上乱讲，病魔也得最后与它决斗一下，不是它生，便是我倒，我一定做一个你一向希望我所能成的一种人，我决心做人，我决心做一点认真的事业，虽然我头顶只见乌云，地下满是黑影，可是我还记得你常说“受苦的人没有悲观的权力”。一个人决不能让悲观的慢性病侵蚀人的精神，同厌世的恶质染黑人的血液。我此后绝不再病（你非暗中保护不可）我只叫我的心从此麻木，再不问世间有恋情，人们有欢娱，我早打发我心，我的灵魂去追随你的左右，像一朵水莲花拥扶着你往白云深处去缭绕，绝不回头偷看尘间的作为，留下了我的躯壳同生命来奋斗，等到战胜的那一天，我盼你带着悠悠的乐声从一团彩云里脚踏莲花瓣来接我同去永久地相守，过吾们理想中的岁月。

一转眼，你已经离开了我一个多月了，在这短时

间，我也不知道是怎样过来的，朋友们跑来安慰我，我也不知道说什么好，虽然决心不生病，谁知一直到现在，它也没有离开过我一天，摩摩，我虽然下了天大的决心，想与你争一口气，可是叫我怎受得了每天每时悲念你时的一阵阵的心肺的绞痛？到现在有时想哭，眼泪干得流不出一点；要叫，喉中痛得发不出声，虽然他们成天地逼我喝一碗碗的苦水，也难以补得了我心头的悲痛，怕的是我恹恹的病体再受不了那岁月的摧残，我的爱，你叫我怎么忍受没有你在我身边的孤单？你那幽默的灵魂为什么这些日也不给我一些声响？我晚间有时也叫他们走开，房间不让有一点声音，盼你在人静时给我一些声响，叫我知道你的灵魂是常常环绕着我，也好叫我在茫茫前途感觉到一点生趣，不然怕死也难以支持下去了。摩！大大！求你显一显灵吧，你难道忍心真的从此不再同我说一句话了么？不要这样的苛酷了吧！你看，我这孤单的人影从此怎样的去闯这艰难的世界？难道你看了不心痛么？你一向爱我的心还存在么？你为什么不响？大！你真的不响了么？

一声惊雷醒迷梦

花开，每一朵都是无瑕的空灵。

云卷，每一片都是恣意的神态。

一切仿佛浑然天成，促成了陆小曼的风华绝代、独领风骚，见者动容，过目难忘。无论是北平还是上海都留下了她的万种风情。

或许她可以像章含之那样成为一名出色的交际家，她那样漂亮，她的身上有一种特别的气质，那是江南的含蓄和北方的直率完美结合而成的美丽。她曾有过三年的外交翻译经历，讲一口流利的英语和法语，她游走在上流社会，在社交界如鱼得水，在那些高级的社交场所总能看到她的

身影。或翩翩起舞在那华美的舞池，或端庄优雅地手持一杯美酒，或从容高贵地笑谈风声，陆小曼是北平不可不看的一道风景。

可她却阴差阳错地嫁给王赓，结束了外交翻译生涯，空留一个华美的转身。

或许她可以成为一代名伶，她谙昆曲、擅京剧，经常跟随朋友参加义演，还曾与徐志摩合作创作《卞昆冈》五幕话剧。

可她只是喜欢那身披彩凤的光鲜，却耐不住一生的寂寞。

或许她也可以成为诗人，成为画家，成为小说家，她可以帮助徐志摩共同开创一番事业，可以和他齐头并进，在文学的圣坛上开出最明艳的两朵艺术之花。可是，每个人都有自己的定数，陆小曼始终无缘做徐志摩的那个诗中的女神，徐志摩最后也抱着遗憾离开。

甚至连他们见的最后一面，也是伴着无休无止的吵闹。如果时光肯倒流，陆小曼会不管那些流言蜚语和徐志摩回北平，过他希望的那种日子。如果时光可以倒流，她会学着体贴他、照顾他，不再让他奔波得这么辛苦。可是时光不能倒流，这是她心中永远的遗憾和伤痛。

感情最敌不过的，一个是时间，一个是距离。

他们后来一个在北平，一个在上海，虽然两地后来通了飞机，非常方便，但他们还是要隔很久才能见上一面。

一个是风华绝代的佳人，一个是才华横溢的诗人，都有着极好的“异性缘”，他们又都是多情之人，相隔久了，难免会对彼此有所猜疑。

本来要承受的异地相思之苦已经不堪重负，还要为彼此的感情担忧，更是让人痛苦不堪。那种想见不能见、想说不能说的感觉折磨着他们。

陆小曼身边有翁瑞午、江小鹣等青年才俊，这些上海滩上的阔少对小曼言听计从，常伴左右。徐志摩虽然追求自由，从来不干涉小曼结交朋友，对陆小曼和他们之间的关系也是给予最大限度的容忍和理解，但对于烟榻上的堕落和外界的流言蜚语，他心中难免还是会担心，自己不在陆小曼身边，时间久了，难免会和别人生出情分来。

而陆小曼对徐志摩也一直心有猜忌。

徐志摩更是才子多情，无论走到哪里，身边总是围绕着芸芸美女。爱慕徐志摩的人很多，但他心中只爱一个陆小曼，他一生追求“爱、自由和美”，这是一种单纯的信仰，所以他和其他女人之间的关系也是清者自清。看似亲昵，却清白无比。

除了林徽因，陆小曼还很在意和徐志摩交往过密的韩湘眉。

韩湘眉是20世纪二三十年代文坛的一枝独秀，是“四

大美人”之一，她不仅拥有惊艳四方的美貌，更有得天独厚的才气。据说徐志摩也曾经对她一见倾心，但遇到陆小曼后，再无所求。韩湘眉后来嫁给了张幼仪的哥哥张歆海。

韩湘眉的思想观念极其现代，同徐志摩十分接近，因此，即使在结婚之后，她也同徐志摩保持着非常密切的关系，她的丈夫张歆海也和徐志摩是非常要好的朋友，所以三个人经常保持着密切的交往。甚至在聚会别离的时候，韩湘眉毫无避讳地亲吻徐志摩的脸颊告别。周围人都习以为常，唯独陆小曼感到不舒服，所以后来徐志摩向陆小曼提出每次离家外出的时候也以亲吻面颊当做吻别礼的时候，陆小曼坚决不从，还讥诮说：“只有韩湘眉这样的人才会有那一种做派……”

她曾经送给徐志摩一只猫，名字叫做“法国王”，徐志摩对这只猫十分照顾，也非常宠爱，平常在家里，徐志摩走到哪儿，猫就跟到哪儿，徐志摩在桌上写东西的时候，这只猫也守候在旁边。

后来徐志摩准备前往北平的时候，韩湘眉提出要徐志摩将猫送还给她，这样的行为与动机再明显不过，徐志摩走后，韩湘眉不放心其他人来照顾猫，所以要回，由自己喂养。

陆小曼心中十分不满，难道徐志摩不在家，自己会欺负她的小猫么？这件事将心比心，换做任何一个人都会不舒服，很明显是韩湘眉对自己抱着一种戒备的、不友好的态度。

陆小曼性情高傲，对方不友好在先，她自己也对韩湘眉抱有成见。

女人是水做的，多愁善感，对一些细枝末节的小事儿也会纠缠不休，而徐志摩就被夹在中间，有时候左右为难。一只猫，就能搬弄两个女人的是非。

他本来想做些解释从中调节，反倒弄巧成拙。

在2月24日，徐志摩写给陆小曼的信中，这样写道："车上大睡，第一晚因太热，竟至梦魇。一个梦是湘眉那只猫突然反了，约了另一只猫跳上床来攻打我，凶极了，我几乎要喊救命。说起湘眉那只猫，不为别的，因为她家后院也闹耗子，所以要它去镇压镇压。她在我们家，终究是客，不要过分亏待了她，请你关照荷贞等，大约不久，张家有便，即来携取的。"

这些不过是一些欲盖弥彰的言语，为了一只猫，竟然要拐弯抹角到这种程度，而且措辞还小心翼翼，这么客气，反倒像是他和韩湘眉更近一层似的，陆小曼于是更加生气。

对林徽因和韩湘眉，陆小曼是两种心态，于林徽因，她不自信，所以害怕别人拿她们作比较，而对于韩湘眉，她则是不屑。

徐志摩的遇难好似一声惊雷，将陆小曼从迷梦中惊醒，

那些儿女情长现在看来都已经微不足道，如果再来一次，她一定会更加体谅徐志摩。

陆小曼和徐志摩厮守的五年好似一生那样漫长，总有一些难以释放的情怀，这如梦的五年，又像一天那样短暂，他们匆匆而过，在彼此的生命中留下一个个最深的记忆和伤痛。

望断前庭花谢，冷雨过清明，独倚那座空冢。

她如梦方醒，将风花雪月抛残身后，斯人已逝，无论有多少悔恨也于事无补，她拿起一支笔，开始整理徐志摩生前的那些文字，开始写自己的长篇小说，开始写一些散文和诗，开始试着去圆一些梦，救赎内心的惶恐。

徐志摩生前最喜欢她的画，总是鼓励她潜心绘画，希望她能有一番造诣，如今，她拿起画笔，重新拜师学艺，专工山水，直到 1949 年被上海画院吸纳为画员，成为了一名专业画家。

许多言语都化为线条流淌在纸上，那些心中的思念藏在笔端，匿在墨中。

她开始沉默，让伤痛沉溺在心中最深的地方，静静地缱绻。

她开始告别那奢华而虚幻的生活，一个人静静地读着英、法的原版小说，偶尔惆怅，时而忧伤。

她开始回归内心，身着素裙，轻挽发髻，她只做两件事，一件是潜心画画，另一件是整理徐志摩的文稿。

她为徐志摩编就了《云游》、《爱眉小札》、《志摩日记》、《徐志摩诗选》、《志摩全集》。然而世态炎凉，人过境迁，当年红极一时的徐志摩如今已经没有人再去关注，在那个新人辈出的年代，一代新颜换旧颜。

陆小曼用她的耐心与毅力奔波在各个出版社之间，她紧紧地抱着那些文稿，就像徐志摩仍在身边。

错过才知道珍惜，那傍晚的玄月映在谁的脸庞？照着谁的心事难眠？

走在曲径的小路上，追忆那些如花美眷，胜似昨日的怦然。徐志摩总是苦口婆心地相劝小曼，让她从堕落中振作，不要荒废了她的才华和天生的丽质。可是小曼却心不在焉，如今，再想起那沓厚厚的书信，句句情深，字字哀求，潸然泪下。

小曼决心去做他期待的那个人。

这是她唯一能为他做的事情，弥补他的遗憾，或许只是为了救赎自己。

小曼本来就在绘画方面极有造诣，现在又将本不宽裕的生活费拿出来请了贺天健先生和陈半丁先生做老师，教她画画，还请了汪星伯先生教她作诗。

仅仅两个月而已，她的画便已经可以和老前辈一起开展览了。

小曼的画主要以山水为主。

山水，是冷峻的，小曼心静如水，那山水正是她心声的自然写照。

一幅画便是一个世界，一汪水就是一个流年。前面是碧水晴天，后面是苍茫云烟。这一世尘寰，一眼万年，数不尽的江山，道不尽的情长，用那一支笔，用那一泼墨，层层浸染。

她无言，却用那壁立千仞的山高谷峡呼喊。

她不语，只用那寥寥的劲松翠柏将心声张扬。

山水国画不在乎形有多像，也不在乎写意的含蓄；不在乎浓淡是否相宜，只寻那墨香下暗涌的真心。若用心，自然就有一种动人的感情旁逸而出。

陆小曼不仅拥有这样炽热的心，还有竭尽全力的毅力和努力。

她一边跟着老师学习，还一边对元朝的倪云林、明朝的沈周以及清初的王鉴细细钻研。她如今已经不再去那些社交场所，她闭门谢客，专心画画，来往的朋友也都是当时的画家名流，如吴湖帆、钱瘦铁、孙雪泥、应野平等，她有意识地找他们相互切磋、铢积寸累。正是这种真心打动了世人，正是这样的功夫，才使她不断地进步，取得了数不胜数的成绩。

她在 1949 年、1955 年以优异的绘画水平两次入选全国美术展，1958 年加入上海美术家协会并正式成为上海中国画院的专职画师。接下来，在 1959 年，她还有幸被全国美协评为“三八红旗手”。1964 年秋，又为成都杜甫草堂画了四幅条屏山水。

试想，一个大量吸食鸦片的女子，一个纸醉金迷在社交界的女子，一个慵懒而贪图玩乐的女子，她需要下多大的决心才能取得了这样的成绩？

世间好物不坚牢，彩云易散琉璃脆。回忆陆小曼和徐志摩的爱情，幸福来得太迟，走得太急。还没有来得及细细品味生活的甜蜜，便被困窘的生活逼得到处奔忙。

陆小曼常常一个人望着天边。

也许她爱的那个男子只是受够了自己的任性，飞去了其他的地方，等到自己改变，他还会不会回来？

第九章　一生一场恋

一去如云

往事逐孤鸿，徐志摩的死带走了小曼的寸寸柔肠，深夜里的一曲华音，魂荡肠回。一声声，一曲曲，都是晓霜难解的思念，终日里，倚看乱云流水，纷繁着少年往事。

袅娜的笙箫中，曾有一个女子娉娉婷婷，挑帘而出，顾盼流离，锦衣冠盖，时而慢垂霞袖，时而急趋莲步，那满席的人中坐着徐志摩，远远地望着她，神迷目荡。

陆小曼第一次和徐志摩同台表演，还是自己的任性让徐志摩如她所愿，在《春香闹学》中，徐志摩饰演的是一个老学究，记忆中，那滑稽乖张的样子不禁让小曼笑出声来，笑着笑着却都化作泪水，祭奠了那些时光。

她深爱的男子，竟像风一样飘散，再也唤不回了。

那日徐志摩回到家中，是最后一眼见他，仍然是那件月光白的长衫，就像记忆中的那个月夜一样，第一次与他相视，便记住了那一袭月光白。

他的眼中虽然满是责备，但还是那样温柔。

那日他从北平回来，小曼还是像往日一样躺在烟榻上，没有起身迎接，只是抬起眼，看了看他，露出一抹笑颜。

不知道从什么时候开始，她变成这样，徐志摩对于他来说像是一个过客，偶尔来，偶尔离开，不知道下一次见面是什么时候，但对于他回来的期待却越来越淡。

起初，小曼站在大门口迎接他、亲吻他，后来站在客厅里拥抱他，再后来就变成在烟室里迎接他，如今，她只是躺在烟榻上，连喜悦的表情都没有，只是淡淡地笑。

花已经渐渐飘落，五个春秋轮回，从容而过，他们没有像期待中的那样浓情蜜意，生活中更多的是怨声和绝望。

那一杆鸦片，让她得到解脱。

在云雾缭绕的烟榻上，她如若仙子，只是她感到离徐志摩越来越远了。

他说，眉，我爱你，所以劝你把鸦片戒掉。

陆小曼哪里不知道鸦片对身体的伤害有多大，但她已经没有办法控制自己了。她身体和心理上的痛苦没有人可以体会，她心里怨恨徐志摩，为什么她最爱的人都不了解她呢？

她这一身的病，像火一样常常烧得她痛不欲生。那钻心的痛苦让她充满绝望。可每一次发病的时候，徐志摩都不在身边，陪伴她的永远都是翁瑞午。

徐志摩一回来便是在她耳边絮絮叨叨，她一把将手中的烟枪向徐志摩掷去，徐志摩急忙闪躲，却还是没有完全躲过。

烟枪打在他的眼镜上，金丝边的眼镜碎了一地。

朦朦胧胧中，她看到徐志摩愤然离开，一声巨大的关门声将陆小曼猛然惊醒，她没看清楚徐志摩当时脸上是什么表情，却在那转身的背影中看到了他的绝望。

陆小曼也不知道事情为什么会变成这个样子，她心里知道徐志摩对她的爱，那些劝告是为了她的身体好，她也明白徐志摩对她的苦口婆心，鸦片是害她沉沦的毒药，可是她心里纵使千般明白，万般理解，还是想要跟他对着、顶着、拧着。

她怨他为什么不陪伴在她身边，她认为那些关心的语言都是虚无。

她恨他为什么不体谅她的痛苦，那些病痛的伤害，其实需要他的安抚。

她对他有埋怨，那些埋怨变成一种叛逆，变成了一种故意伤害。

徐志摩摔门出走后，陆小曼泪流满面，又是后悔，又是委屈，她也不知道自己怎么会变成这样，走下烟榻，来到书房，她提起笔来写了一封很长很长的信，那是一封道歉信，寄给徐志摩的。

我不知怎样写的那封信，我心里为难，我亦不管你受得受不得我，我糊里糊涂地写了那封信！我这才后悔呢！还来得及么？你骂我亦好，怨我亦该，我没有再说话的权了！你是不会怨我的，亦绝不骂我，我知道的！可是我自己明了自己的错比你骂我还难受呢！我现在已经拿回那信了，你饶了我吧！忘了那封被一时情感激出来的满无诚意的信吧！实在是因为我那天晚上叫娘哭得我心灰意懒的，仿佛我那时间犯了多大的罪似的，恨不得在上帝前洗了我的罪立刻死去。摩呀！你要是亦疑心我或是想我是个 eoquette（卖弄风情的女人），那我真是连死都没有清白的路呢。下午你走的时候我心里乱极了，你走了我的心如失，摩呀！

可惜，他再没有机会看到这封信了。

连忏悔的机会都被剥夺，可能是对犯错的人最严酷的惩罚了。

徐志摩遇难那天晚上，她将前来通报噩耗的人挡在门外，仿佛只要没听见，一切就可以当做没有发生。

几日行云何处去？忘了归来，不道春将暮。陆小曼好像迷路的孩子，她离开徐志摩太久了，只顾得自己的快乐，忘记了身后还有一个男人一直在等她，累了就回家。

可是当她再回首时，他已经灰飞烟灭。

或许只有时光流转才能挽回心中的遗憾，但是时光不可能流转，所以遗憾注定纠缠余生。没有任何事情能释怀她心中的愧疚和悔恨。

泪眼倚楼频独语。双燕来时，陌上相逢否？

一旦错过的，就不能从头再来。

一旦失去的，就无处找寻再度拥有。

那些缠绵的情意，那些静好的岁月，那些莹白的月色，只有在梦中寻找，排解那缭乱孤独的愁。

那个离自己最近的人现在却天地一苍茫，人鬼两不知；那个整日呢喃着龙儿龙儿的他现在魂归何处？是否还记得北平深巷中的那个飘雪的夜？

你幸福么？

我们总这样问，问别人，也问自己。

其实幸福是一种自然而然的发生，能说出来的幸福不是幸福，只有不幸的人才每天用幸福来封住别人的口，暗示自己的心。

陆小曼被徐志摩爱的时候是幸福的，她的一生因为这个男子的出现而改变，本来她是一个官太太，吃穿不愁，衣食无忧，日日笙歌，只管逍遥快乐。在别人的眼中，她是如此幸福，可只有她知道那种行尸走肉的无奈。

徐志摩的出现像一道明媚的光照进她内心冰冷的湖，如今却已经幻化为一篙都随流水的春梦。

她对徐志摩的感情从未改变过，徐志摩对她也是如此，尽管她的生活风气让这位大诗人焦头烂额，但他仍然不愿放弃，去改变她，去争取心中期许的幸福。

一场时间的洗礼，一段流年的浸染，爱没变过，到底是什么让他们走到今天？

陆小曼爱他，却不像从前那样乖巧可人。她心中有自己的痛处，只是不愿向人提起。

她嫁给徐志摩，顶着千夫所指、万人唾骂的压力，从婚礼上梁启超的训词开始，就意味着一场逃不开的劫。

她背弃了父母的厚望，伤了他们的心，只是为了能和这个男子共度余生，可是一路的颠沛流离、百转周折，同徐志摩回到硖石老家，本想跟随他归隐田园，陪伴他完成理想。

但是徐志摩的父母并不接受她，处处与她针锋相对，陆小曼没有受过这样的委屈，她感到孤独无助，却不能总是跟徐志摩埋怨，那毕竟是他的父母，不好让他在中间为难。

过惯了大城市的生活，需要慢慢适应田间村野的小生活，她需要时间，徐志摩有足够的耐心，可是公公婆婆没有，他们看不惯小曼的很多作风，竟然投奔了住在北平的张幼仪。

这对陆小曼来说是很大的打击。张幼仪虽然是二老的义女，但毕竟曾经是徐家的儿媳妇。他们做出这样的举动，外面的舆论矛头愈发指向她，说她不孝，将公公婆婆逼走。

陆小曼不讨公婆喜欢还有一个致命的原因，就是她没有为徐家生儿育女。

婚后的徐志摩也一直很想要一个属于他们的孩子，看着朋友的孩子聪明伶俐，合家欢腾，他心里非常羡慕，也多次写信给陆小曼暗示她，然而陆小曼却没有为他生下一儿半女。

徐志摩一直以为是妻子体弱多病的原因，还曾经劝说她："听其自然是不成的，我们都得想法，我不知你肯不肯。我想你如果肯为孩子牺牲一些，努力戒了烟……哪怕是孩子长成到某种程度，你再吃……"

可惜，陆小曼有苦难言，她又何曾不想为爱人生养儿女，一家人其乐融融，共享天伦之乐？但她不能，甚至连告诉他原因的勇气都没有。

陆小曼曾经怀过一个孩子，正是王赓答应同她离婚的

时候，陆小曼十分痛苦，这个突如其来的变故让她不知所措。她不敢同别人讲，经过苦苦挣扎，为了她和徐志摩来之不易的爱情，最后作出了一个大胆的决定，就是把孩子打掉。

一切只能秘密进行，她不能将此事告诉徐志摩和王赓任何一方，她偷偷让家里的两个女佣陪她到一家私人诊所，找到了一位德国医生做了手术，对别人提起，就只是说生病了，要出去休养一段时间。

然而，由于当年医疗条件十分有限，堕胎手术是十分危险的，再加上陆小曼的身体本来就很羸弱，手术并不成功，她的身体受到了伤害，经过很长一段时间的休养才渐渐恢复。最让她悔恨的是这次手术让她永远丧失了生育能力。

然而一切后悔都已经来不及了，只能将这件事永远地隐瞒下去。在这条隐瞒的路上，她一个人要承受怎样的折磨与孤单。

可是她只能强颜欢笑，仿佛什么都没有发生一样，这个女子的心中还藏了多少苦?

陆小曼只能默默承受，她一生都在承受那些不孝的骂名，用她那瘦削的肩。

对她而言，外面的风雨谣言早就已经无所畏惧，她在意的是徐志摩对她的看法。

然而他却让她失望了。

当时，徐志摩母亲病重，徐志摩从北平赶回上海家中，准备回到硖石老家尽孝，小曼也想陪同前往，以表孝心，却被公公阻止。

甚至当婆婆逝世的时候，徐申如仍然不让陆小曼回去披麻戴孝，这在小曼的心中种下了仇恨的种，她忍受了多少委屈来到徐家，可是时至今日，却连最基本的地位都没有，她是一个根本没有被承认的存在。

她恨徐志摩，责备他欺人太甚。

可她又怎么会不体谅徐志摩在那个痛苦的时期，心中在遭受着怎样的折磨呢？母亲离开，父亲不容纳儿媳，妻子又跟他闹，而他只是选择默默忍受，忍受那无休无止的责骂。

只是因为爱得深，痛也要一起承担。

每个人都害怕分离，一朵花开的凋零、一场春雨的霖铃、一片落叶的悲切、一把油纸伞的擦肩都让人感怀。

他们将一个悲痛的结局强加给这个柔弱而坚强的女子。她除了接受，别无选择；除了悔恨，别无选择；除了自责，别无选择。

曾经，他们的灵魂紧紧相拥在一起，月色交加在相覆盖的衣衫，交错着甜蜜的温柔。

如今，他们却生死两相茫，心中有多少情话还没来得

及说，有多少悔恨还没来得及忏悔，有多少衷肠还没来得及倾诉，环顾四周，只剩下陆小曼孤身一人和无处话凄凉的两行清泪。

徐志摩挥一挥衣袖，一去如云。

陆小曼常常坐在窗前发呆，窗外又是一年莺啼，再次唤醒她对徐志摩的忏悔和思念。是谁踏碎了那春意满怀的梦境？是谁翻落了那悲欢离合的宿命？是谁在秋风中老去了红颜？又是谁把那思念的愁绪带到远方？

最后一次相遇

生在秀美灵动的江南，长在文化底蕴深厚的北方，陆小曼身上也携着那亦动亦静的灵气。

娴静时若云月照水，画一幅山水墨画，写一首情意绵绵的诗篇。

行动处似灯火盈动，舞一曲霓裳彩袖，唱一台水榭歌台的昆曲。

她才华横溢，举止间，娇媚而温婉，张扬又端庄，一颦一笑，一回眸、一望眼，都让人魂牵梦绕。这样的女子哪个男子不爱？

无论走到哪里，都有如众星捧月一样被人簇拥而出，

但她始终有自己的骄傲，她心有所属，如此执着，只为一人，望断情长，白首不离。

但缘起缘落，总有我们预料不到的情缘早已命中注定。

比如，注定有一个叫做翁瑞午的男子要走进陆小曼的生命，一切顺理成章。或是在一个午后的街头巷陌，或是在傍晚的戏院阁楼，或是在凌晨的舞榭歌台。

那些美人佳话久久传扬，谁知其中的真真假假？我们没办法知道翁瑞午和陆小曼是如何相识的，但若是上天有意安排，任他们在天涯海角，任此时是夏至冬至，时间和空间都无法阻挡这次相见，也无法改变他们命中相濡以沫的缘分。翁瑞午住进了小曼的生活，占据了她心中的一个位置，这一住，就是33年。

我们都是尘世中一粒微尘，能做的，只是珍惜这来之不易的每次相遇，用心参悟上天的安排，细细体味每次的悲恸与欢乐，感受每一次离别和重逢。也许我们以为可以改变，其实绕了一圈，我们还是在注定的尘网中搁浅。

翁瑞午是陆小曼生命中最后一次相遇，三次爱恨中的最后一次安排。

他出生在江苏常州，江南多才子，很多人都有一个关于水乡的梦，一座小桥、一汪流水、一树桃花、一朵云霞，仿佛都渗着如梦如幻的禅意和千年百转的情愁。

这个男子有着殷实的家庭背景，他的父亲翁绶琪（字印若）历任桂林知府，也是一名画家，还是著名的收藏家。著名的大学问家、清代光绪皇帝的老师翁同龢早年赏识翁绶琪，自己没有子嗣，加上吴门同宗的关系，便认翁绶祺为侄孙。

翁瑞午身材高大，戴着一副黑边眼镜，身穿一袭蓝色长衫，好像乘着一苇兰舟，伴着那二十四桥的明月，从那烟雨迷蒙的地方走来。

翁瑞午自小受到良好的熏陶和优良的教育，他擅长写一首漂亮的行书和小楷，并秉承了父亲的造诣，画得一手好画，更懂得鉴赏古玩，唱京戏、赏花卉。

他懂得风情，又善于交际，往来于女人之间，如鱼得水，被胡适称为“自负风雅的俗子”。

翁家在杭州拥有一座茶山，在上海拥有房产，翁瑞午家中还收藏着父亲留下的数不尽的字画古玩，件件价值连城，这样算来，算得上家财万贯了。

翁瑞午在上海的上流社会游荡，是有名的阔少，他喜欢戏曲，便去戏院包场看戏、唱戏，也捧角；他喜欢绘画，就收集名家作品，供自己玩赏；他喜欢跳舞，就去夜总会、舞厅尽情地释放。他活得潇洒而自在，风流却不失绅士之风。

女人着迷于他的体贴浪漫，动情于他那温情的双眼，

心悦于他博古通今的心怀。这样的男子只要他愿意，便有很多女人甘愿与他共享风流，哪怕只有一天，都心甘情愿。可是他偏偏遇上了陆小曼。白云袅袅，彩霞朝朝，他坚信那是命中的归宿，他在劫难逃。

从此，这个温文尔雅的男子走进了小曼的生活，陪了她整整 33 年。他不再流连于温柔之乡，不再沉迷于烟花迷梦，只为了她那颗心，他甘愿用一生的时间静静等待。天地苍茫，二十几个春秋恍如一瞬间变成空无。

当遇到了才明白，原来我是为你而来，我在这里，只是为了等你的到来。

他们认识了，从此便如影随形。

他们有共同的爱好，一起听戏、唱戏，一起跳舞、打牌。翁瑞午从来不像徐志摩一样劝小曼不要做这个、不要做那个，他只是陪着她，静静地守着她。

陆小曼的身体一直不好，有一天，因为演戏后过度疲劳，竟晕厥过去，台下的徐志摩赶紧跑上台来，却不及站在她身边的翁瑞午那样快，翁瑞午将小曼抱到一个平台上，利用推拿按摩将小曼救了过来。

翁瑞午受推拿大师丁凤山的真传，他虽然家境优越，却并不沾染懒惰的恶习。他对于钟情的事情总是愿意苦心钻研，学习丁先生的“一指禅”气功是这样，学京剧也是这样，对陆小曼也是这样。

翁瑞午的推拿，正是运用了“一指禅”的手法，经过他的治疗，几乎手到病除，他广施医药，无论贫富都一视同仁。在风华正茂的18岁，他便被世人称道。玩世不恭的样子底下藏着一颗单纯善良的心，偶尔被人看见，便永世不忘。

陆小曼对翁瑞午的推拿产生了依赖，每次治疗过后，身心畅快的舒适无以言表，病情也得到缓解，这让徐志摩非常高兴，他恨不能自己替小曼来遭受那些痛苦，如今翁瑞午竟帮助他解决了他最大的困扰，他也就不反对小曼同翁瑞午进一步接触了。

而陆小曼也慢慢地将他引为自己的蓝颜知己。加上自己的病痛三天两头地复发，要依靠翁瑞午的推拿绝技，逐渐地，翁瑞午成为了陆小曼生活中不可或缺的部分，甚至对他产生了一种深深的依赖。

翁瑞午是抽鸦片的，鸦片让人飘飘欲仙，暂时忘记这身体的伤痛、心灵的悲恸，一会儿梦回江南最初的柔情，一会儿又看见那白衣飘飘的女子，仿若几世轮回，他们缘定三生。翁瑞午有足够的钱来供养自己的鸦片，所以对他来说，鸦片不是毒药，而是救心的灵丹妙药。

推拿治疗是一个极其缓慢的过程，需要耐心和毅力，每每看到小曼病发的痛苦，他都心如绞痛。有一天，他递过自己的烟筒给小曼，劝她吸了一口，小曼苍白的脸上渗

着汗，嘴唇疼得发抖，轻轻咬住了烟嘴，深深地吸了一口，一阵快感涌上全身，瞬间痛苦得到了解脱。

自此，小曼便再也离不开鸦片，离不开翁瑞午，而翁瑞午在给小曼吸第一口烟的时候，也暗暗下定了决心，要用一生的时间来供养她。

徐志摩那天回到家中，看见陆小曼和翁瑞午躺在同一张烟塌上，烟雾缭绕在一起，弥漫着这昏暗的房间，便对陆小曼更加绝望，他怨恨翁瑞午将小曼带上了一条不归路，可是小曼的痛苦确实减轻了，而且毒瘾已经染上，徐志摩也无可奈何。

起初，徐志摩还将父母一道接过来一起住，可是没过多久，徐申如夫妇再一次因为看不惯陆小曼的生活习惯而愤然出走。

曾经还只是消费奢侈一些，行为倒还无伤大雅。如今，在上海，陆小曼身体不好，还染上了鸦片，行走起来如弱柳扶风，每日一定要和翁瑞午在烟室里弄上一管大烟，孤男寡女同在一床烟榻，成何体统？

作为父母，他们更加不理解儿子，徐志摩好像并不在意他们的行为，有一天清晨，徐志摩的母亲竟然发现三个人横七竖八地躺在同一张烟榻上！徐志摩对陆小曼和翁瑞午之间的关系自有一套理论，他说男女之间的情与爱是有区别的，鸦片与烟榻看似接近，只能谈情，不能做爱。

徐志摩对于爱情有自己独到的理解，他崇尚自由，认为即使结婚也不可以将人束缚。有些人说起来容易，做起来难，但徐志摩自有自己的价值体系，他不在乎别人的品头论足，只求问心无愧。他不会限制妻子交朋友、交什么朋友，他也不希望妻子来约束他的生活。

小曼心中也正因为一份坦荡，才不在乎那些满城风雨，好像多年前在北平那样。

她与翁瑞午仍然一如往日，生活继续。每个人都是心皑如天上的雪，清白皎若云间月。

爱，自然而然地发生。

翁瑞午只是选择追求，不强求，也不舍弃。

他只是选择陪伴，不阿谀，也不冷漠。

他只是选择参与，不奢求，也不旁观。

他的爱，好似一朵美丽的白莲花，静静地绽开，赏花的人只有自己。他的爱，不卑不亢，默默地生长，岁月静好，只求心安，就像蝶恋花一样自然而然。

爱的回应

那一年，美玉流光。

那一年，杨花漫卷。

那一年，春草重生。

我们错过了烟雨朦胧的秋波慵转，却迎来了临水阁楼上一抹斑斓的虹。

我们错过了楚天千里的冷月清秋，却坐看了飞坠的雪花将青松变琼枝。

我们错过了雨巷中谁撑的那把油纸伞，却迎来了一个倾情千年的相逢。

每一种错过背后，命运还会为你安排新的遇见，徐志摩走后，翁瑞午成了陆小曼生命中最长久的陪伴。

我们每天都与不同的人擦肩，佛说，前世的500次回眸才换得今生的一次擦肩，那么，那些停留在我们身边的人，是我们修了几世的缘，才求得今生的相伴？

与陆小曼瓜葛最深的男子一共有三个：王赓、徐志摩、翁瑞午。

谁也说不清楚，哪一个爱她最深？

王赓爱得慷慨，他磊落的心胸可以原谅她的背叛，温柔似水的眼却见不得她受一点儿委屈。

徐志摩爱得浪漫，他可以用生命去追随她的笑颜，倾其所有，只为那灯火阑珊处许下的一个诺言。

翁瑞午爱得坚持，他可以不求回报，只求厮守，侍奉前后，不知疲倦，只为满足她的一切需求。

那些燃不尽的爱、绕不断的情、诉不完的痛，因为那个女子青山一样的明媚、绿水般的柔波、倔强勇敢的风骨而荡气回肠。

三个男子都以不同的形式出现在陆小曼的生命里，只有翁瑞午陪伴了陆小曼最长的时间，整整33年。

只有真正经历过，才知道那33年可以改变些什么，可以见证些什么。

他不奢求可以从徐志摩身边夺走陆小曼，更不奢求陆小曼可以爱上他，他只是那样默默地守在她的身边，望着

她、照顾她、守护她，如此简单。

幸福往往就是这样，你的要求越简单，越容易感到满足。

而当我们越是容易满足，命运便恩赐于你的越多。

徐志摩走后，小曼伤心欲绝，她已经没有心情再去画那红妆。她不去舞厅，不去戏院，不去社交，只是在家，写字、看书、作画，还有吸鸦片。

她的身体情况一日不如一日。

每一朵花都会凋落，每一场戏都会落幕。

时光拂面，望断楼，北雁南飞，衰老了她的容颜。

牙齿渐渐脱落，牙龈都是黑色，她不在意；脸色泛青，头发蓬乱，她不理会。她只是埋头在那些工作中，守着对志摩的承诺。

而翁瑞午也守着她，任年年庭前花开花落，任陌上芳草枯了又荣，任岁月夺走了她的娇颜，任雨打芭蕉后显现的千疮百孔，他只是守候。

那是命中注定的劫。

翁瑞午为了供养陆小曼在鸦片上的大量开销，加上后来家道中落，最后生活也十分拮据。

这也是命中注定的幸。

这个男子等候一生，因为他遇到了真爱。爱一个人容易，但爱对人很难。

对于翁瑞午来说，他此生难以释怀的就是那戏台上锦衣华盖的慢垂霞袖的女子可以和他躺在烟榻上，共享那如梦如幻的感觉；可以和他低吟浅唱那些昆曲小调，演绎那些千年不变的爱恨离愁；可以和他厮守终生，直到身后化为一抔黄土，还能望她最后一眼的难舍情长。

而这些，他今生有幸，在这乱花渐欲的城。

或者，是她有幸，在这纸醉金迷的夜。

他们相遇，然后相濡以沫，厮守终生。

不要那名分，不顾那流言，一如以往，陆小曼一生忠实于真心的呼唤。但与翁瑞午厮守的这三十余年，他们之间有着不可逾越的界限，陆小曼说，他们不可以抛弃发妻，她也不愿和翁瑞午名正言顺结婚。

徐志摩逝世七年后，他们同居了。陆小曼后来向好友王亦令说：

“我与翁最初绝无苟且瓜葛，后来志摩坠机死，我伤心至极，身体大坏。尽管有许多追求者，也有许多人劝我改嫁，我都不愿，就因我始终深爱志摩。但是由于旧病更甚，翁医治更频，他又作为老友劝慰，在我家常住不归，年长月久，逐委身矣。我向他约法三章：不许他抛弃发妻，我们不正式结婚。”

心地善良的陆小曼，考虑的是翁瑞午的妻子陈明榴，她是老式女人，如果离了婚，肯定没有出路。直到 1953 年

陈明榴去世后，他们才正式结为夫妻，一段漂浮半生的故事也在形式上得到了交待。

多年以后，她说自己对翁瑞午只有感情，没有爱情，那种超乎友情、超越爱情、超越亲情的另一种情感，是她心里对他的安排，在最高的一个位置，一个最重要的位置，永远都有他的名字。

那就是最真实的声音，她必须忠实于那个声音。

人生在世，能遇到几个红颜知己？如若能碰见一个，也是千古的情缘。又何况这种比红颜、蓝颜还要珍贵的人，这种刻骨铭心的感情在我们中，几个人可以有幸拥有？

如果是你，你也会守护在心中吧。

世界上的万事万物都有着千丝万缕的联系，好像千年以前，中国古老的传说，神明将红线的一端缠在我们的脚踝上，将另一端缠在与我们命中注定有关联的人的脚上，这条线便牵引着我们，或者延续，或者纠缠，但永远也不会断掉。

陆小曼和翁瑞午在上海相遇，是早已经注定的缘，在那江南的连绵细雨天。

陆小曼的祖籍是江苏常州，祖父陆荣昌在清代咸丰年间因避“太平天国”战乱，举家迁居上海。而陆小曼的母亲是常州白马三司徒中丞第吴耔禾先生的长女。

翁瑞午出生在江苏吴江，也是水乡，也是江南。似乎有神明暗中指引，在上海，他们相遇了，在那曼舞轻歌中张望，唇角绽出一朵笑意，谁还记得那几十载的江南烟雨为谁淹留。

若干年后，当他们相守相知的时候，又回到了这个如梦一样的地方。

杭州的西湖，万顷碧玉，把蓬莱旧事一件件拾起，那些前世的缘经过红尘的浸染，漫过陆小曼荒芜的芳心，扬起了爱的柔波。

细雨如织，陆小曼在翁瑞午的身旁宛如初萼的莲花，清香弥漫在初启的花瓣中，留在他的记忆深处。

陆小曼对翁瑞午除了在物质上的依赖，还有割不断理还乱的情。

徐志摩去世以后，她的生活一夜间没了依靠。从前，她锦衣玉食，所有的困难都有徐志摩挡在前面，她生活在无忧无虑的欢乐之中，而那一夜，她从梦中惊醒，终于触摸到真实生活的刺骨寒意。

她拖着盈盈弱弱的身体，过着一日又一日绝望的生活，所剩无几的钱和即将面临的遥遥无期的未来让她连悲伤的权利都没有。

她去求公公徐申如，可是那个恨她入骨的老人怎么会再去理会她的死活？

老人在同一年失去了妻子和儿子，他的痛苦无以复加，

秋风落叶，人到暮年，谁不想身边还有至亲陪伴？可谁如此残忍，带走了他“执子之手，与子偕老”的誓言？谁又如此冷酷，让还没有走出丧妻之痛的他再来承受白发人送黑发人的痛苦？

无处话凄凉，无处问尘埃，老人现在像是一樽易碎的水晶，随意哪一声惊扰就能震碎他脆弱的心。

自从陆小曼嫁入徐家，徐申如和妻子对她的不满就日积月累，最后积重难返，负气离开了儿子，投奔义女张幼仪，张幼仪在他们的心中有一个无法撼动的位置，无论是过去，还是现在。

徐志摩的死让徐申如无法释怀，他把原因全部归结在陆小曼的身上，如果不是陆小曼不懂为人妻的温良贤惠，有道持家，徐志摩不至于如此。唉！当初如果自己坚持不让他们成婚，可能一切都会不一样。徐申如在以后的日子里，先是埋怨陆小曼，后来就这样埋怨自己。

可是生活好像是一条一去不复返的河、一条蜿蜒前行的路，没有回头，只有前方。

陆小曼明知道徐申如不会给她钱，但为了生活下去，没有办法，她只能求助胡适。

胡适也怨恨她，毕竟她让太多人失望了。那一日，在功德林，那一夜，在胡适家中，那些信誓旦旦，那些为爱而生死，那些勇气和力量感动了多少人，也激励了多少人，他们愿意伸出援手，因为爱的力量。

可是当幸福真正把握在手中的时候，他们这对璧人却没有过上人们期待的生活，一个是奢侈挥霍，另一个是为生活奔波。徐志摩的激情没有被爱情激发出来，反而在生活的压力下被磨得日渐黯淡。

胡适恨她、怨她，却也心疼她。

毕竟她是徐志摩深爱的人，在北平，他曾经劝过徐志摩放弃，但徐志摩苦笑一声，说：我仍然爱她。

命运如此纠缠，逃脱不掉，只能接受。胡适答应帮陆小曼这一次，就好像多年前，她和徐志摩来到他家中相求的那次一样。

然而，陆小曼心中并不感到意外，她知道，这个男子一定会帮她。

陆小曼跟胡适保证，她从此要把心都寄托在事业上，做徐志摩生前期盼她做的事。而她也做到了。

后来，胡适要求陆小曼离开翁瑞午，但小曼并没有照做，她接受了徐申如每个月 300 元的补助，这 300 元在那个时候算得上是一笔大的开销了，足够一家大小十口人的吃喝，足够她一人的开销，她完全可以拿着这笔钱本本分分地读书、写作、画画、成名成家，既可保持徐志摩的名誉，也可以重新树立自己的诗人妻子的形象。

但她没有这样选择，她不能因为 300 元的生活费而离

开这个爱着她、守着她、护着她的男子，从前如此，现在更是如此。

别说翁瑞午对她有恩，以陆小曼的人品，就是一般的朋友，她也决不会在他需要的时候抛弃他。翁瑞午死后，陆小曼还帮他抚养了他和一个女大学生的私生女。

徐申如也来信做出了最后的通牒，如果陆小曼再和翁瑞午同居，他就不再每月汇那 300 元了。

那时，陆小曼同翁瑞午并没有同居，陆小曼住三楼，翁瑞午要照顾小曼的身体，为了方便，有时便住在一楼。

翁瑞午看了那封信，十分生气，更为陆小曼不值，干脆搬到了楼上同小曼住一个房间，但睡两张床，并回绝小曼的公公，表示以后不用再汇钱来了，陆小曼的费用由他翁瑞午一力承担。

翁瑞午卖光了家传的所有字画和古董，来回奔波，似乎也走上了王赓、徐志摩之前的旧路，但他再累，也不忘回到陆小曼身旁照顾她，而不只是精神上的关心。这就是他不同的地方。

这么多年来，他承担着她庞大的家庭开支，关心她、爱护她、体贴她，他们彼此谁也离不开谁，他们为什么非要分开不可？徐志摩生前，他就住在同楼里，如今让他搬出去，搬去哪？

新中国成立后，1956 年，在那个时代，怎么会允许这种同居关系存在？要么分开，要么结婚，但小曼还是一如既往地坚持，她深爱徐志摩，不会再婚，她深深感谢翁瑞午，不离不弃，在那样一个社会背景下，小曼的勇气和义气更加凸显。

其实，人生匆匆，那些流言蜚语、功过是非不过都是他人的消遣谈资，但又有多少人能真正从容面对？又有多少人被那些评论所左右，失去自我？又有多少人能无所畏惧、潇洒而过？

陆小曼就是这样的奇女子，多年前，在北平，为追求真爱，在那个封建古板的社会，她付出了多少勇气和努力，才得到了想要的幸福。

今天，她仍然如此，为了不离不弃，为了回报恩情，她决不会忘恩负义，离翁瑞午而去，即使是在1955年翁瑞午犯了错误，很多朋友怕小曼受到牵连劝他们分手，她也岿然不动，她只说，我问心无愧。

问心无愧。

这才是陆小曼，一个重情重义的女子。

有人说，我们希望深爱的人死在我们的前面，因为不想让对方承受失去爱人的痛苦，也不愿意让对方独自一人忍受无边无尽的孤独。

但翁瑞午还是先一步而去了，1961年，病入膏肓、一直坚挺在小曼身后的男子终于倒下了，对小曼来说，是沉

重的打击，平静如水的生活泛起层层涟漪，久久难以平息，一段江南春暖的情，追随着采莲人的船，别了人间。

翁瑞午念念不忘的是陆小曼。那一晚，他抱拳拱手，对赵家璧和赵清阁两位朋友嘱托道：“我要走了，今后拜托两位多多关照陆小曼，我在九泉之下也会感激不尽的。”

说罢，便撒手人寰。

月桥花谢，簌簌而落，人间有多少真情在？花开花谢，年复一年，多少可以禁住时间的磨炼？多少能亘古千年？

陆小曼在1959年填写的档案表格上，在家庭成员一栏正式写上了翁瑞午。也许那就是翁瑞午这么多年一直寻找的地方，那是爱的回应，也是他最好的归宿。

第十章　往事也飘零

飘落的琼花

桃花流水杳然去，再也逢不到一个娴雅温婉的陆小曼，再也遇不到一个妩媚动人的陆小曼，再也寻不见一个才华横溢的陆小曼。

1964年春，陆小曼开始用秀气的蝇头小楷笔录《矛盾论》全书，这是为了给中华人民共和国成立15周年的纪念献礼而特别用心准备的，但陆小曼的身体却越来越差。

到了10月份，她已经没有办法继续执笔写作了。身体一日不如一日，住进了上海华东医院接受治疗。

步入隆冬，陆小曼已经憔悴不堪，人比黄花瘦，病情愈发严重，整个冬天，她都在病床上度过。此时，好友刘

海粟恰好也在同一家医院住院，当病情稍微缓和一些的时候，陆小曼就会下床稍微活动一下，来到隔壁屋和刘海粟聊聊天。

两个老朋友，如今却都已是年华老去，聚在一起，也只能感叹生命的无常，岁月催人老。

这一年，陆小曼一天比一天消瘦，病情没有丝毫好转，勉强挨到了第二年的4月份，也就是1965年的春天，陆小曼终于走到了生命的尽头。

她临终前，从床头拿出一卷长轴："这是我自己的那幅山水画长卷……"话还没有说完，便默默闭上双眼，一串泪珠滑落至脸颊。

那年年、月月、日日，无时无刻的想念，终于在今天可以去赴一场灵魂之约。她无数次地梦见徐志摩，那样清晰，她知道，他们马上就可以重逢了。

三十余年，生死两茫茫，她不再像当年那样有着风华绝代的容貌，此时的她是一个清瘦的老太太，眉眼凹陷下去，牙齿已经脱落，从她的眼神里还能窥见年轻时的倔强。

亲朋好友陆续来看望她，有一天，赵清阁和应野平一同前来看望她。面对多年的友人，她说出了唯一的愿望，她需要有人帮助她完成遗愿，那便是与徐志摩合葬。

陆小曼隐忍三十余年，尚且活在世上，只是为了完成当年许下的诺言，做一个徐志摩希望的女子，如今，她早就已经兑现，所有的荣誉和嘉奖也算是有了前去黄泉路上的颜面。她沉默一生，只为了今天能与徐志摩同葬。

两个纯真的灵魂在这世上相遇，却短暂得像流星划过苍穹，甚至还没来得及珍惜就已经错过。他们如果可以在另一个世界相聚，从此也会更加懂得珍惜，并不会再寂寞。

赵清阁紧握着陆小曼的手，强忍着酸楚，说一定办到。

1965 年 4 月 3 日，62 岁的陆小曼终于瞑目。

这场相会时隔太久太久，但她终于追随徐志摩而去，化作一缕轻风，无怨无悔。

到如今，多少事，欲说还休。

一场风花雪月，爱恨情仇，被那午夜的月光抽成柳絮，放逐在一江春水之中。有人说不能接受陆小曼的人就不是真正地喜欢徐志摩，这句话是有道理的，陆小曼是徐志摩的一部分，是他的爱、他的心、他心中美的化身。

如果你喜欢徐志摩的诗，你怎么能感受不到字行之间两心相交的缠绵？你怎么能感受不到浓情蜜意的香雾缭绕？你怎么能感受不到那涓涓流淌的幸福飘摇？

你若爱徐志摩的诗，就不能不爱陆小曼。

她是徐志摩所有诗中最温软的部分，一缕幽香，浸在流光。

她是徐志摩所有诗中最动人的音节，眉间心上，万般情长。

遇到她后，他的诗，注了光。我们怎能不爱陆小曼？他们本来就是一个整体啊。

世人对林徽因和张幼仪都有着中肯的评价，林徽因代表纯洁和完美的白莲，张幼仪代表坚强而独立的红梅。

“断肠人琴感未消，此心久已寄云峤。年来更识荒寒味，写到湖山总寂寥。”

一杯浊酒洗尽铅华，素姿而卧心胸坦荡，陆小曼的真让人动容，有多少人这样勇敢，能直面自己心中最真实的声音？她爱，便勇敢地去追求，无所担忧；不爱，便果断放手，无所流连。

问这世上能有几人能做到这样的真？

真，往往是相对的，张幼仪也真，她的真来自于内心的淳朴、她对于爱的执着，或者只是对家庭的责任、对徐家的责任、对社会的责任。她受人尊敬是因为她先人后己。

林徽因也真，她的真来自于对美的追求，她宁愿背叛初爱，也不愿对不起父母的期待。她愿意吐露真情，却不愿意在行动上真正地付出，不愿意在生命的轨迹上留下把柄。

而陆小曼的真，只忠于内心。

那个时代的人总是偏心的，将盛誉留给含蓄而规矩的女子，而那些个性张扬、热血真实的女子却要背负千古骂名。

陆小曼因为与王赓离婚，要背负不守妇道的骂名，却没有人真正理会王赓的性格冷漠为陆小曼带来了多少痛苦？一场没有感情的婚姻最后总会走上悬崖，因为她的勇敢，才让自己解脱，也解脱了王赓。

因为徐志摩的父母后来在张幼仪身边颐养天年，陆小曼要背负不孝的骂名，却没有人理会徐志摩的父母原来对小曼的偏见让她在家中寸步难行，甚至连婆婆去世的葬礼都不让她参加，她的内心承受着怎样的委屈？

因为徐志摩的去世，陆小曼背负了罪魁祸首的罪名。直到死去，她一生忏悔。所有人都把徐志摩的死归结到她的身上，认为如果不是因为陆小曼挥霍无度，不会把徐志摩逼到如此境地，两地奔波，最后坠机在来回的途中。

然而，他们的爱，谁能真心体会？因为心中只在乎爱人的看法，所以她放任那些虚渺的流言，沉静自己的内心，只钟情于所爱之人。

老年的陆小曼更加孤独，深爱她的三个男人都先她而去，只留她一人在这世上，形单影只。

陆小曼去世时，上无片瓦，下无寸土，无儿无女，也无牵无挂。

她清清白白地来，断了红尘的路。

回顾她的一生，那簌簌飘落的琼花，那望不断的晴川，那倏忽不见的流年，染尽霜华。

她说："过去的一切好像做了一场噩梦，酸甜苦辣，样样味道都尝遍了。如今我已经戒掉了鸦片，不过母亲谢世了，翁瑞午另有新欢了，我又没有生儿育女，孤苦伶仃，形单影只，出门一个人，进门一个人，真是海一般深的凄凉和孤独。"

回望陆小曼的一生。

陆小曼的美，张扬夺目。她从来不掩盖自己天生丽质的容颜和华丽雍容的美丽。她从来不刻意掩饰，反而将那些上苍的青睐应用极致。一举手，一投足，姿态万千。

她不仅外貌出众，内心也有极好的修为。

郁达夫说："陆小曼是一位会震动20世纪20年代中国文艺界的普罗米修斯。"刘海粟赞其："一代才女，旷世佳人。"更说，"她的古文基础很好，写旧诗的绝句，清新俏丽，颇有明清诗的特色；写文章，蕴藉婉转，很美，乂无雕琢之气；她的工笔花卉和淡墨山水，颇见宋人院本的传统；而她写的新体小说，则诙谐直率……"

世间能有几个女子能拥有这样的完美无瑕，无与伦比、见者动容？

她出身名门，却得了一身的病，日日与病痛为伴，后来只有以鸦片麻醉疼痛，在吞云吐雾的片刻得到一些安慰。

她红颜薄命，任外表风光无限，内心却承受着多少痛苦？可是那些切肤之痛，没有人可以亲身感受，所以没有人真正理解她的几次挣扎，几次垂死，几次苦苦哀求。

她捧戏子，那是她一生的爱好，她如此痴狂于戏曲，在那方戏台上辗转长裙，轻挽水袖，每一声音符都是梦中的呓语，在呼唤她前世今生的往事。

她喜欢跳舞，在舞池中晃动摇曳，只求短暂的邂逅，不求一世的追随。她沉醉在众星捧月的午夜里，谁不虚荣？更何况是本来就有炫耀资本的陆小曼。不过是一个普通女人，也曾年少，谁不痴狂？

如今，却再也寻不见她美丽的踪影。

再也记不起青山相送的约定，似曾相识的旧梦，孤枕难眠的愁容。心是否还在那里？明天的阳光依然明耀？伊人独立江头，静静地等待天明。

这一夜，窗外细雨依旧，丝丝柔柔，纷纷而落。那些随风而逝的爱情和纷纷扬扬的心事落在谁的心头？江南山水还似昨日一样，可是又是一年四月天，却不见那日湖边采莲的女子，还有那船头赏花的白衣男子。

点一支香，温一盏茶，几朵白菊花落在发间，任往事飘零，都付诸东逝的流水，你们执手相看泪眼的那条断桥，已经成为了永远的阻隔，徘徊于轩外的女儿墙，如今也成了永远黯然的断点。

徐志摩弃世八十多年，陆小曼弃世四十多年，徐志摩的坟茔孤零零地杵在海宁市西山的山坡上，陆小曼的坟茔，

冷清清地立在苏州。

她一路走来，承受着指责、批评、骂名。但她选择沉默，不去抗争，不去辩白。

因为她的沉默，更加徒增了外界的猜想。而她更加是一个谜，女人心，琢磨难猜，她更是不留蛛丝马迹。

她最在乎的人已不在这世上，还有什么能令她动容？那些流言蜚语么？听了一辈子，早就已是过眼云烟。

她一路逶迤而来，穿过岁月的滚滚烟尘，看透世态的无奈，又转身而去，留下一个风情万种又风轻云淡的背影。

中国自古以来就讲究夫妻死后合葬，为了生前的一个誓言，为了爱情的一个结点，为了对生命的交待。

可是，偏偏世人将他们分开，赵清阁答应陆小曼的心愿并没有完成，甚至连陆小曼的尸骨都没有入土为安，一直被寄存着，直到 23 年之后的 1988 年，陆小曼的几个堂侄和堂侄女出资，将她安葬在苏州东山的华侨公墓里，墓碑上刻着一排字：先姑母陆小曼纪念墓。

陪在陆小曼身边的，是她早就已经过世的父母的纪念墓。而她却和心爱的人相隔千里之遥。

徐志摩逝世于 1931 年。

陆小曼逝世于 1965 年。

十年修得同船渡，百年修得共枕眠。他经历千山万阻，她生死与共。可惜流年，上天捉弄，分两旁。

只是那短短的五年，便阴阳相隔。陆小曼孤独地守着一张徐志摩的旧照长达34年。如今，她终于随着山间明月追到天涯的尽头，去拾一帘弥留人间的幽梦。断肠情伤，唯有泪千行。

一朵绝世临水的花

深深的庭院，长长的小巷，站在一端，望断尽头，一帘幽梦向明月，早就已经悄然落下帷幕。

碧水荡漾，层层秋波，仍然在那装满往事的花溪中静静流淌。只是花非花，雾非雾，美人不在，天空中，只有连绵的小雨，述说着未了的花事。

听，是忧伤的，是惆怅的，是快乐的，是难忘的。

在陆小曼那些澎湃的往事里有着数不胜数的人，擦肩，回眸，有着冥冥之中注定的人，陪伴，离开。

在陆小曼的生命中有两个女人，虽然与她没有太多的交往，但是却有一个共同的交集，就是徐志摩。

她是林徽因，一朵绝世临水的花。

她是张幼仪，一只转身漾空的燕。

而她，陆小曼，是唯一一个守候在徐志摩身边，相伴他一生的女子，若是花，便是一朵并蒂莲花，若是鸟，便是一只比翼飞鸟。所以她幸福，是因为对爱的执着和勇敢。但最后悲情落幕，是因为对易逝的年华太过轻视。

张幼仪默默地爱着徐志摩，最后决定在那一纸文件上签字，脱离了她和徐志摩的婚姻关系，也脱离了一个卑微的躯壳，这是她的选择，终于使自己洒脱，即使怀有身孕，也勇敢地承担生养的重担，即使身在异国他乡，也坚强地生活。

因为曾经爱过，便无怨无悔。

陆小曼炽烈地爱着徐志摩，决定做中国第一个通过民法离婚的女子，离开深爱他的王赓，和徐志摩结婚，这是她的选择，承受了一辈子的骂名，只为换那五年的逍遥。

因为爱的鼓励，就应该这样勇敢。

据说，张幼仪是怨林徽因的，而不恨陆小曼，她怨恨林徽因，是因为她当初和徐志摩离婚，多半都是因为这个女人。张幼仪同意离婚，是因为她心中期待徐志摩可以跟心爱的人在一起，如果自己的爱人幸福，那放手又何尝不是一种成全？

但出乎张幼仪的意料，当她挺着肚子下定决心签下离

婚证明后，林徽因随父亲已经悄悄回国了，并与在北京的梁思成订了婚。

张幼仪太爱徐志摩了，以至于连恨林徽因的原因都是为了他，而不是为了自己。她不恨陆小曼，反而陆小曼的勇敢和无畏深深地打动了她。

三个女人，爱恨纠葛，林徽因却洁身自好，直至今日，仍然美好。她即使退出，不但收获了梁思成的爱情，还兼得了徐志摩一生的友谊。

她一生不孤单，因为有知心人风雨同舟，这也许对她来说是最好的结局。

就连徐志摩的死，也与她有着千丝万缕的关联。

那日，徐志摩正是从南京赶往北平，前去听林徽因在协和医院小礼堂的讲演。

她将徐志摩乘坐的焚烧过的一块飞机残片拿回家置于起居室中，一直到 1955 年辞世。

这个男子已经成为她心底斩绝不断的叹息。

无数个空灵的月色，静谧的月色，思念似洪水猛兽，就像记忆中的康桥。

《再别康桥》

轻轻地我走了，

正如我轻轻地来；

我轻轻地招手，
作别西天的云彩，
那河畔的金柳，
是夕阳中的新娘。
波光里的艳影，
在我的心头荡漾。

这首诗承载着最初的爱恋，再读时，却难回到那梦中的康桥，那么浓烈的眷恋，美得荡气回肠，如今只是空空传来凝重的叹息，我们都不忍再回头。

落花无言

一个弱女子独自走过人世的风霜雨雪，被人误解终生，却不以为意，落花无言，人淡如菊。

她的一生好像一壶陈年老窖，经过岁月的沉淀，让人回味无穷。

她，你需要用心去品味，才能领略那旷世的才情。

大多数人知道陆小曼，是因为她是徐志摩的遗孀，殊不知她荣辱一生的背后还有多少才华被浮世杂言淹没，被世人遗忘。

她轻舞霓裳，在江畔的波光里留下一抹艳影，那孤独的一瞥，便再不回头。

徐志摩逝世后，她作为亡妻写了一副挽联：

多少前尘成噩梦，五载哀欢，匆匆永诀，天道复奚论，欲死未能因母老；

万千别恨向谁言，一身愁病，渺渺离魂，人间应不久，遗文编就答君心。

与君生死两茫茫，五年的欢歌，五年的愁苦，多少滋味只有他们自己知道。幸福还是不幸？只有他们深有体会，作为旁观者没有资格评论，一切是非都不过是因爱而生，因缘而起，为什么要去指责？在爱中又哪有什么对与错、是与非？

不能同你共赴黄泉，因为母亲年迈，需要照顾。

不能同你比翼双飞，因为尘世间，还有一些未了的恩情。

万千别恨没有人可以述说，一身哀愁和病痛，没有人可以分担。当最爱的人离去，生命还用什么来支撑？灵魂也随着故人而去，人间还有什么值得留恋呢？

陆小曼心中的悔恨纠缠着她，有多少人能真正了解她内心的孤独无助？但她依然坚强，依旧勇敢，她选择生还，因为爱，选择孤独，因为爱，死容易，生难。

徐志摩死后，她失去了经济来源，无依无靠，生活更

加困难，但她无所畏惧，只因为心中有着强大的决心和未完成的梦，那就是“遗文编就答君心”。

也许只有这样才能让她不那么自责，才能有颜面去黄泉路上再续前缘。她把这些事情看作是今生未完成的使命，只有完成才能放手人间。

于是，她重新拿起一支笔，绘画、写小说、写散文、整理徐志摩的诗稿。

为什么当斯人已去，才幡然悔悟？徐志摩的离开对于陆小曼来说是致命一击，成了永远无法抚平的伤痛。28 岁的她正是风华正茂，等待她的却是千夫所指的漫长人生路。

然而，一段绮丽的人生才刚刚开始，她还有另一段传奇、另一段人生、另一场华丽等待上演。

陆小曼天生丽质，只是没有朝这方面用功，这也是徐志摩生前的遗憾。

陆小曼的才情，体现在“诗”“文”“画”“艺”四方面。

她尝试着写过一些诗歌和文章，为徐志摩的文集写序言和简介等等。早在和徐志摩结婚的时候，就和他共同创作了五幕话剧《卞昆冈》，还翻译过意大利喜剧《海市蜃楼》，后来尝试过长篇小说——近两万字的《皇家饭店》。

新中国成立后，陆小曼开始和王亦令合作，翻译了不少外国文学作品，像《泰戈尔短篇小说集》、《艾格尼丝·格雷》

等，她还和王亦令合作编写了民间故事《河伯娶妇》，陆小曼写过的存世古体诗加起来有11首。

但最为人知的还是她的“画”，她自幼能诗会画，学过油画，后来又改为国画。

她开始深居简出，闭门谢客，不再去那些灯红酒绿的游宴场所，远离曾经奢华的社交生活，素服在身，潜心作画。

她先拜贺天健为师学习山水画，又拜陈半丁为师学习花鸟画，而且她还精通元朝的倪云林、明朝的沈周，以及清初的王鉴这些大家的画风，博取百家之长。

从前的她懒散惯了，一个习惯一旦养成，改起来是十分困难的，尽管她下定决心要振作精神。

贺天健早就对陆小曼的生性有所耳闻，为了防止她偷懒，他们师生还约法三章：1. 老师上门，杂事丢开；2. 专心学画，学要所成；3. 每月五十大洋，中途不得辍学。

当年那个名震南北的交际名媛，现在已开始深居简出，社交圈已经变成当时的画家名流，如吴湖帆、钱瘦铁、孙雪泥、应野平等人，相互交流，彼此切磋，铢积寸累。她转身成为了才华横溢的女子，她变得安静，静得像一潭清澈的湖水。

她一直生活在徐志摩坠机的阴影里，面对亲朋好友的指责，她选择沉默。

她默默整理徐志摩生前的作品，直到她临死的时候，也不忘叮嘱堂侄女陆宗麟一定要将那些尚未出版的徐氏文集妥善保管。

她选择寄情山水，努力作画，因为几年的努力和积累，她的画艺一日千里，取得了很大的进步。

钱瘦铁先生曾经为陆小曼的一本画册题了“烟霞供养”的字样，并写下评语：“甲戌嘉平之月，读小曼此册，神韵满纸，文人慧业，信有然也。”

陆小曼的恩师贺天健对她的进步也十分惊诧，写道：“小曼天资超逸，此册实为其最精之作，读竟欣然。”

……

一个人安静地待在家中，用丹青点染心中的梦，将心中的山水泼洒在宣纸上，墨汁散开成一幅幅画卷。她喜欢山水，却因为多病所以很少出门，更加没办法饱览群山峻岭的无限风光，她曾自述：“我爱大自然，但我无法旅游（因病），因此我愿陶醉在丹青的河山风景中。”

所以，这些画作不过是她心中的写意，只有懂她之人，才能了解其中滋味。

她用自己的悟性和想象力，在画中抒发感情，寄托思念，吟唱悲欢。

她画作中的山水，有人说是瘦的，壁立千仞的高山谷峡、层林尽染的黑白迷蒙，放眼观之，大气苍茫，境由心生，有种悲恸的悲伤。

她不言不语，只是悬着一杆笔，时而浓，时而淡，洗尽铅华，一气呵成。她的山是冷的，水是冷的，因为心是冷的。女作家赵清阁曾经说过，自从徐志摩死后，陆小曼再也没有穿过一件红旗袍。那曾经在舞池中跳跃的红已经燃尽，连同她的一颗心也融了进去。

人活一世，要懂得成全。

陆小曼在书画中成全了自己，成全了难解难了的梦，成全了曾经的诺言。

1941 年，陆小曼终于在上海的大新公司办了一场个人画展，大新公司便是今日的上海市第一百货商店。

展出的作品有一百余件，有山水卷、花鸟虫鱼卷，这些都是陆小曼呕心沥血的作品，这些也都是对故人最好的交待。她相信这些画卷，徐志摩会看到，在另一个天上人间。

1949 年，陆小曼开始参加美术展，并先后两次以优异的绘画技艺和个人独特的风格入选了全国美术展，这对于她来说是一种莫大的肯定和鼓励，然而此时的她已经心静如水，因为这一切都是努力付出的回报，一切自然而然。

因为当时的女画家少之又少，陆小曼作为女性，又是徐志摩的遗孀，还曾经是名震上海的名媛淑女，这些光环仍然笼罩着她，让她更加夺目。

渐渐地，她在绘画界声名鹊起，正式加入了上海美术协会，并且在上海中国画院做了一名专职画师。1959 年，她还获得了全国美术协会评定的“三八红旗手”的荣誉称号。所有的荣誉将她过去的骂名一点点掩埋，这是因为她的努力付出才有了今天的回报。

到目前为止，陆小曼的作品已经被收藏在各地，有上海中国画院、上海博物馆、浙江省博物馆、海宁市博物馆，还有一些私人收藏家。

要不是他曾经的含情脉脉，要不是他曾经坚定的眼神，要不是他曾经的鼓励劝导，怎么会有今天的陆小曼。

徐志摩临终的时候，身边还带着她的一幅山水长卷，机毁人亡，却发现了保存完好的陆小曼的画作，那是徐志摩强烈的召唤和还没来得及写下的意愿。那幅画也一直被陆小曼珍藏着，时常拿出来看看，也是一种慰藉。

昔日的眉妆不见，只有一泓碧水蓝天。她长长地舒了一口气，徐志摩留给她的力量终于用完了，听晓风残月里无眠的虫鸣，抿着嘴，浅笑着若干年前他为她点的唇妆。

一抹桃红的胭脂在指尖轻舞，那阔别几十年的脸庞，轮廓开始清晰可见。

好久不见。

她笑着睡去。

再醒来，已经是春暖花开，朱楼外幽鸣，是硖石的老宅么？是北平的宅院么？是上海的公馆么？时光停在那一刻，变成永恒。

1965 年 4 月 3 日，她在上海华东医院病逝，享年 63 岁。半世的飘零，身后的冷清，人生在世，世态炎凉，灵堂里唯一一幅挽联上写道：

推心唯赤诚，人世常留遗恵在；

出笔多高致，一生半累烟云中！

写这幅挽联的是王亦令，1965 年，王亦令悲怆难已，挥手写下这幅唯一的挽联。

一生半累烟云中，王亦令也算是真正懂她了。

一代名媛淑女，陆小曼的葬礼却如此潦草结束，尘埃落定。

飘然一生，风生水起，往事再不堪回首，千古风流也不过是一抔黄土，一抹朱红。

附录 陆小曼年谱

1903 年（1 岁）

农历九月十九子时生于上海南市孔家弄，籍贯常州。父亲陆定，母亲吴曼华。

1908 年（6 岁）

在上海上幼稚园。

1909 年（7 岁）

为了能够和先去北京工作的父亲团聚，母亲带着年幼的陆小曼从上海来到北京定居。

1910 年（8 岁）

就读于北京女子师范大学附属小学。

1912 年（10 岁）

就读于北京女中。

1918 年（16 岁）

入北京圣心学堂读书。

1920 年（18 岁）

精通英文和法文，被北洋政府外交总长顾维钧聘用兼职担任外交翻译。

1921 年（19 岁）

开始名闻北京社交界。

1922 年（20 岁）

离开圣心学堂，与王赓结婚。

1924 年（22 岁）

与徐志摩结识，并双双坠入情网。一时间舆论哗然，

两人都承受着极大的压力。

年底翻译意大利戏剧《海市蜃楼》。

1925 年（23 岁）

年初，与徐志摩进入热恋。

8 月拜刘海粟为师学画。

年底与王赓离婚。

1926 年（24 岁）

8 月 14 日，陆小曼与徐志摩在北海公园订婚。

10 月 3 日，陆小曼与徐志摩在北海公园举行婚礼，由胡适主持，梁启超证婚并致词。

10 月，陆小曼与徐志摩南下上海。

11 月，徐志摩辞去《晨报副刊》主编职务，离京南下，陆小曼随同共住在家乡硖石，并打算隐居在此。

12 月，因江浙战争起，夫妇二人为避战乱，转上海定居。

1927 年（25 岁）

几次搬迁，后定居上海福西路（今延安中路）四名村 923 号。不久，陆小曼的父母也来上海与他们同住。此后，陆小曼渐渐沉醉于大上海奢靡的生活，痴迷戏曲，并与翁瑞午相识。

3月，与徐志摩回硖石扫墓，并与徐志摩、翁瑞午游西湖。

12月6日，夫妇二人在上海夏令匹克戏院同演《玉堂春·三堂会审》，陆小曼饰苏三，徐志摩饰红袍，翁瑞午饰王金龙，后受到《福尔摩斯小报》污蔑困扰，夫妻感情受到极大伤害。

1928年（26岁）

6月，徐志摩因不满陆小曼的生活作风而出国旅游。

7月，与徐志摩合著的《卞昆冈》在《新月》上发表。

夏，陆小曼与徐志摩、叶恭绰共游西湖。

1929年（27岁）

参与中国女子书画会的成立筹备工作。

3月接待泰戈尔。

6月，与翁瑞午等人游“西湖博览会”。

9月，丈夫徐志摩在南京中央大学谋得一职，在南京与上海之间来回奔波。

1930年（28岁）

秋，为了彻底摆脱上海的颓废生活，徐志摩应胡适之

邀，到北平任教，夫妇二人开始过两地分居的生活。期间，徐志摩多次劝陆小曼离开上海到北平，但都被拒绝。

1931年（29岁）

从师于贺天健和陈半丁学画，从师于汪星伯学诗。

为了支付庞大的家庭开销，徐志摩只得为了生计而辛苦奔波。

11月13日，徐志摩由北平抵沪，与陆小曼见面即发生争执，愤然离家。

18日，徐志摩乘早车赴南京。

19日，为了能赶上林徽因当天晚上在北平协和医院小礼堂的演讲，搭乘中国航空公司的邮政班机“济南号”启行。因飞机失事，遇难身亡，终年35岁。

徐志摩飞机失事，陆小曼悲痛欲绝，幡然悔悟，从此闭门谢客，潜心绘画，编撰《徐志摩全集》。

1933年（31岁）

整理徐志摩的《眉轩琐语》，在《时代画报》第三卷第六期上发表。

1934年（32岁）

清明独自一人到硖石给徐志摩扫墓。

1936 年（34 岁）

加入中国女子书画会。

1938 年（36 岁）

开始与翁瑞午同居。

1941 年（39 岁）

在上海大新公司开个人画展。

1946 年（44 岁）

听取好友赵清阁和赵家璧劝说，并承诺戒烟、戒酒、专心写作。

1947 年（45 岁）

出于履行对好友的诺言，开始住院接受治疗，健康状况大有好转，随后去南京亲戚家中休养，在这期间，写完了将近两万字的小说《皇家饭店》。

1949 年（47 岁）

以优异的绘画技艺和个人独特的风格入选了全国美术展，积攒了一定的人气。

1955 年（53 岁）

再次入选全国美术展。

1956 年（54 岁）

和王亦令合作，翻译了许多外国文学作品，如《泰戈尔短篇小说集》《艾格尼丝·格雷》等，后来还和王亦令合作编写了民间故事《河伯娶妇》。

4 月，受到陈毅市长的关怀，被安排为上海文史馆馆员。入农工民主党，担任上海徐汇区支部委员。

1957 年（55 岁）

民间故事《河伯娶妇》在上海文化出版社出版。

1958 年（56 岁）

成为上海中国画院专业画师，并参加上海美术家协会。

1959 年（57 岁）

任上海市人民政府参事室参事。被全国美协评为“三八红旗手”。

1965 年（63 岁）

4 月 3 日在上海华东医院逝世。